全民阅读体育知识读本

# 网球——体力与意志的结合

盛文林/著

台海出版社

**图书在版编目（CIP）数据**

网球：体力与意志的结合 / 盛文林著. －－ 北京：
台海出版社，2014. 7
（全民阅读体育知识读本）
ISBN 978－7－5168－0429－2

Ⅰ. ①网… Ⅱ. ①盛… Ⅲ. ①网球运动－基本知识
Ⅳ. ①G845

**中国版本图书馆 CIP 数据核字（2014）第 175059 号**

**网球：体力与意志的结合**

著　　者：盛文林

责任编辑：王　品　　　　装帧设计：视界创意
版式设计：林　兰　　　　责任印制：蔡　旭

出版发行：台海出版社
地　　址：北京市朝阳区劲松南路 1 号　邮政编码：100021
电　　话：010－64041652（发行，邮购）
传　　真：010－84045799（总编室）
网　　址：www. taimeng. org. cn/thcbs/default. htm
E－mail：thcbs@ 126. com

经　　销：全国各地新华书店
印　　刷：北京一鑫印务有限公司
本书如有破损、缺页、装订错误，请与本社联系调换

开　　本：655×960　1/16
字　　数：130 千字　　　　印　　张：12
版　　次：2014 年 10 月第 1 版　　印　　次：2021 年 6 月第 3 次印刷
书　　号：ISBN 978－7－5168－0429－2

定　　价：29. 60 元

# 前　言

网球运动被称为世界第二大球类运动，与高尔夫球、保龄球、台球并称为世界四大绅士运动。它孕育在法国，诞生于英国，开始普及并形成高潮在美国，在近十年中，网球运动借助于电视、网络等媒体，广为传播，已经成了最受人们喜爱的一项集健身、娱乐和竞赛为一体的运动形式。它正在飞速地渗透到人们的生活之中，在大中型城市，常见老年人和儿童也挥拍上阵。

练习网球最好的办法就是得到一个富有教学经验的专家指导和陪练，但这个办法在目前很难普及。这有两个方面的原因：一、目前的专业人士较少，无法满足越来越多的网球爱好者的需求；二、并不是每个人都有足够的时间和经济能力来支撑。也就是说，网球爱好者能在现实中获得的帮助很少。

除了请专业教练之外，业余爱好者还可以从电视和网络上学习各种技巧。这种办法较请专业教练而言，相对容易，而且经济得多！然而，其中的缺点也是显而易见的。电视上播出的网球类节目较少，而且播出时间受限很大。从网络上搜索资料似乎要方便得多，而且受限也小。然而，网上的资料又较为零散，良莠不齐，需要自己去甄别。对业余爱好者来说，这也不是很容易办到的事情。

在这里，传统的学习方式——通过阅读来学习网球技巧就显示出了独特的优势。书上的资料系统、权威，学习方式又不受时间和经济能力的限制。为了满足广大网球爱好者的学习需求，我们组织编写了这本《体力与意志的结合——网球》。

本书尽力汲取网球运动发展的新内容，并力图做到深入浅出，简明扼要，通俗易懂，图文并茂，突出知识性、趣味性与可读性，使网球爱好者通过阅读本书能够熟悉网球运动，喜欢网球运动。当然，由于水平有限，书本难免会出现一些谬误和瑕疵，恳请广大读者批评指正！

# 目　录

# PART 1 项目起源

## 网球运动的起源

### 僧侣们的“掌中戏”

网球与高尔夫球、保龄球、台球并称为世界四大绅士运动。那么，这项绅士运动是怎么起源的呢？一般认为，网球的起源可以追溯到欧洲的一种游戏，但网球游戏源于何时、何地及什么方式，却众说纷纭。

《麦克米伦体育和游戏字典》所列出的有关网球的早期发展部分有以下记载：10 世纪，爱尔兰出现了一种手掌对墙击球的游戏；11 世纪，法国出现了手掌击球的游戏，它是古式室内网球的先驱；1399 年，网球的英文单词“tennis”首次出现；1496 年，发现了残存的巴黎最早的古式室内网球场；15 世纪，发明了穿线的网拍；16 世纪，古式室内网球成为法国的国球，并开始传入英国……

据《网球起源》一书介绍，掌球游戏是由一位古希腊（或波斯）的诗人周游欧洲，将该游戏带入法国宫廷的。由此有网球游戏起源于古希腊、古罗马和波斯之说。

《网球天地》2004 年第 7 期题为《奥运网球、雅典盛宴》一文中报道：提起现代网球，人人都知道始发源于英国贵族之间，但很少有人知道古代网球起源于希腊。根据史料记载，大约在公元 5 世纪，古希腊人发明一种叫“satirist”的运动，人们用手或者肩膀来回击打一个轻质的球，后来发展为用绑在手臂上的木板击球，开始与今天的网球类似。

在《简明大不列颠百科全书》中，关于网球有如下记载：室内网球起源于十二三世纪法国的手掌球。1292 年，法国已有 13 家制造网球的厂商。

美国著名网球评论家巴德·科林斯在其网球巨著《完全网球：终极网球百科全书》一书中介绍：网球运动从何而来？历史似乎给了我们肯定却并不详尽的解读。在很长一段时间内，网球曾作为一项室内运动被保留和继承下来（也许有些像今天的壁球），而且那时的网球还是一项绝对少数人的游戏，仅仅存在于欧美国家为数不多的一些私人俱乐部中。从它当年曾经使用过的名称中可见一斑，那时的网球动辄冠以“皇家”、“贵族”或是“宫廷”的称号，高高在上而又与世隔绝。

其实真正意义上原始网球的雏形，出现在 12 世纪的法国，当然，也有人认为是意大利或者西班牙。一些无所事事的僧侣为了打发他们无聊的时间和分泌过盛的男性荷尔蒙，开始用手掌对着寺院的墙壁反复击球。

僧侣们将这项“发明”称为“jue de paum”，也就是法语“掌中戏”的意思。慢慢的，有人开始用球拍代替手掌击球，那大概是在 16 世纪的意大利，于是，法国的“掌中戏”又有了它的意大利名字：“gioco di rachette（球拍间的对抗）”。

至于网球运动更精确的起源，由于缺乏历史文献的记载，虽然历史学家们进行了不懈地探究，却依然隐匿在各种猜测和论证之中，人们甚至无法说清楚“tennis”一词的由来和网球记分规则是如何诞生的。

但是这一切都无法阻止这项来历不明却拥有无穷魅力的运动从僧侣们的寺院和皇室的宫廷中走向民间，走向大众。直到今天，人们还可以在很多中世纪壁画中看到当时普通百姓打球的场景，正如当时流传的一句谚语所说：“英格兰的酒鬼如牛毛，法兰西的球手数不清……”

由于手掌游戏的趣味性及流传的广泛性，约在 12 至 13 世纪逐渐传入宫廷。在最初流入法国宫廷时期，该游戏难免带有一些平民和大众的特点，因而曾遭到法王路易四世的禁止，其理由是该游戏有损于贵族高贵的形象和身份。

14 世纪初，网球游戏已经演变为一种竞技活动，喜爱网球活动的路易十世，不仅对过去路易四世的网球禁令解禁，而且经常举行网球比赛。14 世纪 30 年代，法国宫廷网球传入英国。据史料记载，英王爱德华三世（1330 ~ 1376），为了打球方便，在温莎城堡内修建了网球场，至今仍保留着，供后人参观。

据说，路易十世不但喜爱网球，还经常举行网球比赛

最初，法国宫廷玩网球游戏时，场地是宫廷内的大厅，没有网也没有球拍，球是用布卷成圆形后用绳子绑成的场地中间架起一条绳子为界，利用两手作球拍，把球从绳上丢来丢去，法语叫做 Tennei，英语叫做“Takeit! Play!”，意即：“抓住！丢过去！”今天网球（Tennis）一语即来源于此。

### 网球风靡英法城乡

英国作家司各特最著名的一部作品《英雄艾文荷》在他的历史小说中占有一个特殊的位置。随着《英雄艾文荷》的问世，司各特才真正成了名副其实的历史小说家。

作为一个浪漫主义作家，富有传奇色彩的中世纪正是最适合他的创作才能发挥的时期。巴尔扎克在读了《英雄艾文荷》之后发出了由衷的赞美：“毫不奇怪，小说发表后立即不胫而走，成了司各特最畅销的一本书，它理所当然地成了他的代表作品。”

《英雄艾文荷》以 12 世纪末英国狮心王理查一世在位时期的民族矛盾和阶级矛盾为背景，讲述了一个充满骑士精神、绚丽多彩的英雄故事。该书虽然以“艾文荷”为名，但着力描写的最主要的是狮心王理查一世。

理查一世是亨利二世的儿子，于 1189 年继承王位，次年即组织第三次十字军远征巴勒斯坦，1192 年与苏丹萨拉丁休战，在惊险的回国途中被奥地利公爵逮捕，两年后按照骑士制度的规矩，缴纳了大量赎金才获得释放。

该书故事便发生在狮心王回国的短暂时期。不久，他又离开英国，前往诺曼底，与法王腓力二世进行了长达 5 年的战争，最后于 1199 年在法国利摩日附近阵亡。理查一世在位十年，他英勇无敌，豪放不羁，又力大无穷，任侠豪气，不仅喜欢战争生活，而且喜欢单枪匹马，建立他的所谓功勋，成了民间传说中的英雄人物。

司各特在《英雄艾文荷》一书的导言中说明了该书书名的来源：“艾文荷”这个名称来自一篇旧歌谣。所有的小说家都像福斯塔夫一样，有时希望知道哪里有好名字出卖。当时作者正好想起一篇民谣中提到过三个庄园的名字。这是著名的汉普登的一个祖先，由于在打网球时发生争吵，用球拍打了一下黑王子，因而被没收的。

只因用球拍打了一下，汉普登便丢掉了三座庄园：特林、温格和艾文荷，这使他追悔莫及。

作者在注释中指出：这里著名的汉普登指约翰·汉普登（1594 ~ 1643），英国著名政治家和国会领袖；“黑王子”系英王爱德华三世的长子爱德华（1330 ~ 1376）的诨名，他以作战骁勇闻名，曾在英法百年战争中屡立战功。

英国人姓的来源十分复杂，有一种即以地名或该人所有的领地或庄园的名称为姓，如本书中威尔弗莱德是教名，艾文荷是庄园名称，因此本书中称他为艾文荷的威尔弗莱德，有时便直接称他为艾文荷，仿佛这便成了他的姓。

从《英雄艾文荷》的记载中可见，网球早在14世纪初已经传入英国并风靡乡间。14世纪中期，随着人们对网球兴趣的增加，以球聚赌的现象也开始出现，并愈演愈烈。有的还在球场上放上金属器皿，让打球的人和观众放入钱，由胜利者将钱拿走，进行公开赌博。

被称为“英明”的法王查理五世自己也喜欢网球，但为了整治社会风气，不得不忍痛割爱，颁布禁令，禁止在巴黎打网球。而在1388年，英格兰宫廷因顾忌士兵们打网球影响他们正常的射箭军事训练，也曾下令限制了这一活动。从这些记载中可以看出，网球在当时的流行程度。

## 黄金时代

### “太阳王”时期的网球

16至17世纪，法国和英国的网球进入了最兴旺时期。尤其到了“太阳王”路易十四时代。路易十四凭借着自己的果敢、坚毅和大刀阔斧，将父辈的理想化为现实，确定了绝对君主制度的典范，缔造了一个空前统一的法兰西。

特别值得肯定的是路易十四积极扶植和鼓励了古典主义的文化潮流，并将其推向了高峰。使17世纪的法国不仅成为当时的霸主，也成为了现代欧洲的文化中心。

在路易十四时期的宫廷文化中，深受贵族欢迎的宫廷网球无疑是成为这个大厦中的一项重要内容。在当时的法国，网球已成为贵族的象征和符号，皇家王室如果不会打网球，将会如同不会跳舞、击剑一样被人耻笑。

而会打网球的人往往会受到青睐。据当时的一份报纸记载：“路易十四的财务主管约翰·劳年 36 岁，拥有运动员的身材，是网球好手，在女子圈中相当吃香……”

当时最能体现宫廷文化的当属凡尔赛宫。宫廷里聚集了大量皇室人员、高等贵族、娱乐人员以及艺术家和作家。人们互相攀比，身着华丽服装，讲求礼仪、仪态。

为了让这些贵族和仕女们在宫廷里不感到生活沉闷，路易十四在宫廷里招纳了各行各业的艺人，提供各种各样的娱乐节目、体育节目和艺术表演，其中有锦标赛、打猎、网球、撞球、游泳、晚宴、舞会、舞蹈表演、歌舞、芭蕾、歌剧、演奏会等等。

路易十四创造的宫廷生活，逐渐遍传各国中产阶级，成为欧洲传统的一部分。在许多贵族或者贵妇人的宅邸里，都以国王的宫廷为样本，形成小的文化中心，拓展宫廷文化的空间。

在皇室的带动下，网球又很快推向中产阶级和平民阶层中。有资料显示，法国在十七、十八世纪仅巴黎市就拥有 1800 个网球场，有数千人打网球。网球已成为法国的国球。甚至有书记载，在一艘 2000 吨的游船上还建有网球场。法国人对网球的狂热程度由此可见一斑。

网球，作为一项社会文化现象，作为法国的宫廷文化，在法国占有十分重要的位置。据《简明不列颠百科全书》记载：1530 年，法兰西国王弗兰西斯一世在卢浮宫兴建网球场。1596 年，巴黎有 250 处室内网球场。到 16 世纪末和 17 世纪则是宫廷网球的黄金时代，在皇宫贵族中十分风靡。在路易十四时代，宫廷网球发展到鼎盛时期，仅法国巴黎就有超过 1800 个网球场地。截止到 18 世纪末，法国的网球发展到一个黄金时代，而法国的阶级矛盾和政治斗争也发展到了一个高峰。

1789 年 6 月 20 日，法国国王路易十六因反对将三级会议改为国民会议，封闭了会场，不允许第三等级的代表召开三级会议，法国三级会议第三等级代表即在会场附近的网球场举行宣誓：不制定法国宪法绝不离散。

在那里，第三等级的代表们发誓将继续开会并通过了誓言。除一名代表拒绝签字外，其余577名代表都在誓言上签字。这是一次革命性的行动，史称“网球厅宣誓”。它是法国大革命的序幕，也被认为是法国大革命诞生的标志。法国大革命使法国宫廷网球荡然无存，直到19世纪中期，网球才又恢复并再次兴盛。

路易十四对网球运动的推广贡献很大

## 英国王室的宫廷网球

在英国，网球虽然在都铎王朝曾被人视为法国的、不适合宫廷贵族的运动，也曾一度被禁止，但达官贵人仍挡不住这项运动魅力的诱惑，自觉不自觉地打起了网球。其中首当其冲的仍是皇室贵族。

据巴德·科林斯介绍：“早在伊丽莎白女王一世时，在英国就有一种室外游戏，网球（long tennis）也用球拍（柳条球拍）、球和球网，但没有正式的规则，不久就‘销声匿迹’了，而这个时期的连续几代英王如詹姆士一世、查理一世、查理二世、乔治四世、阿尔伯特王子等均有打网球的记载。特别是查理一世和查理二世因为整天沉湎于网球，而被称为‘拙劣功绩远不如对宫廷网球的贡献’。”

网球在英国的发展很快达到一个顶点。与法国相比，有过之而不及。这为它后来成为现代网球的兴起地提供了充足的条件和基础。

就在英法的网球进入黄金时期的同时，室内网球迅速流传到意大利、德意志、奥地利、瑞典、俄国和荷兰。

## 近代网球运动的起源

尽管早期的网球起源仍然隐藏在历史的迷雾背后，但现代网球的发展历程却有着清晰的文献记载。1873年，会打古式网球的英国少校温菲尔德在羽毛球运动的启示下，设计了一种适用于户外的、男女都可以从事的网球运动，当时叫做司法泰克（Sphairistike）运动。

最早将现代网球运动付诸铅字的，是1874年3月7日出版的两份报刊——《宫廷日报》与《陆海军公报》，前者把网球运动介绍给了当时英国上层社会的达官显贵，而后者则随着日不落帝国的军队将网球带到了世界各地。

就在这两份报刊对于新生的网球运动报道前不久的2月23日，英国专利局将一份关于"便携式网球场设备"的专利授予了温菲尔德，专利号685。而2月21日出版的权威体育杂志《The Field》也向读者们详细介绍了一项名为网球的运动，告诉人们这项运动的历史，它的复兴和温菲尔德的专利故事……同时，还具体列出了运动的场地、规则等细节。

在此后短短几周的时间内，这项新兴的运动立刻风靡了英伦三岛，并在随后不长的时间里传播到日不落帝国的每一块领地。一时间"洛阳纸贵"，代理销售温菲尔德专利产品的Messrs French and Co公司大发其财。

销售文献资料记载着：网球游戏就在一个长方体的彩绘盒子中，盒子中包含有杆、钉及球网，用它们可以搭成一个网球场。另外还有4个球拍、一袋球、槌和刷子，以及一本指导网球游戏的说明书。

根据Messrs French and Co公司销售记录中的记载，从1874年7月到1875年6月，在不到一年的时间里，网球器械卖给了俄国的皇室，也卖给了威尔斯王子及其他王子，其中包括42位贵族，44位贵夫人和国会议员。产品还被卖到了遥远的加拿大、印度、中国和俄罗斯，几乎遍及世界各地。

伦敦代理商对网球器材的销售记录是很不完全的，因为销售业务是通过伦敦的零售商进行的，很多器材卖给了不知名目的团体。还有难以计数的类似产品在最短的时间内被仿造、生产和销售出去。

网球运动成了潮流和时尚，它以火山爆发的速度获得了传播上的巨大成功。几乎所有人都相信这是一项真正能适合所有人，无论男女老幼从事的运动。

1875 年，随着这项运动在 8 字形球场上风靡起来，全英槌球俱乐部在槌球场边另设了一片草地网球场（槌球运动在 19 世纪 60 年代曾经风靡一时，无数的槌球场地遍布英国各地，这些平整、宽大的槌球场符合一切网球运动的条件，只需在其场地中划出一块小得多的网球场地，再配上一套便携式网球设备就可以了）。

紧接着，古式网球的权威组织者玛利博恩板球俱乐部为这项运动制定了一系列规则。从此，草地网球正式取代了司法泰克。

1877 年，在英国伦敦郊外温布尔顿设置了几片草地网球总会，草地网球在英国得到了进一步的开展。同年 7 月，举办了首届草地网球锦标赛，即温布尔顿第一届比赛。亨利 · 琼斯同另外两个人为这次比赛制定了全新的规则，他本人担任了比赛的裁判。

当时的球场为长方形的，长 23. 77 米，宽 8. 23 米，至今未变。发球线离网 7. 92 米，网中央高度为 0. 99 米。发球员发球时，可一脚站在端线前，另一脚站在端线后，发球失误一次而不判失分。采用古式室内网球的 0、15、30、45 每局计分法。可以说，亨利 · 琼斯是现代网球的奠基人。

## 网球运动的历史意义

### 网球的大典

顾拜旦在《体育颂》中，把体育比作勇气，这意味着体育对完善人类的教育作用。网球对于培养人的智慧和思维，培养人的品质与勇气方面尤为突出。

网球具有丰富的内容和深厚的内涵。网球是文化，它有厚重的历史，流行的时尚；网球是艺术，有超人的韵律和节奏，极高的欣赏性；网球是科学，其技术动作和器材（球、球拍）均有很高的科学含量，仅其击球的技术就涵盖有运动力学、流体力学、运动生物学、运动心理学、数学等。网球甚至还有天文学的知识，如其计分办法就是根据天文学中的航海六分仪设定的。

网球更是一部哲学大典。哲学是一种给人以智慧的科学。在网球运动中，除了胜与负、成与败、强与弱、顺境与逆境等一般运动竞赛中的哲学问题外，网球更有自己的一套哲学。

古希腊哲学大师赫拉克利特说过："我们存在既有固定性，又有着不断地变化。"这正如比赛中的动与静，网球要求必须保持双脚随时移动，调整击球的身体位置，但一旦调整好击球瞬间，又必须保持身体的稳定（极特殊情况可动中击球）；其他如水平的高与低，无论技术多棒，但仍需不断完善，因此，勿骄傲，无论技术多差，可总有人还差，勿泄气；如强项和弱项，弱项上去了，强项又可能变成弱项了，总有学不完的东西，翻不完的技术高山；如击球力量的大与小，会借力的可以以弱制强，四两拨千斤，不会借力的，发死力反而失误丢分；如机会球的成与败，看似极好机会，把握住了可能得分，反之准备不足、判断不准，有了机会反而拱手送给了对方；其他再如技术动作中的眼与手、臂与腿、球拍拍面大与小、拍框宽与窄、拍弦磅数高与低等无不充满了哲学。

有记者报道，中国夺取2004年雅典奥运会网球双打冠军的李婷就是特别喜欢读哲学书籍的人，她掌握了许多哲学方面的知识，对打球有所促进，而通过打网球则又使她明白和领略更多的哲学，变得更加聪明。

## 高体能、高技术、高心智的竞技

打网球是一项身、心并用的运动，是一种斗智斗勇的竞技，除了技术、身体的各种要求外，对注意力的要求很高。无论职业还是业余选手，只要注意力不集中，球必定打不好。网球看似用手臂挥拍，实际是用心体味，用大脑智慧才能打好的。

网球在场上千变万化，情况千差万别，判断便成为关键。天王费德勒球技精湛，打球几乎滴水不漏，技术几乎无懈可击，达到完美的程度。但有人统计过，就单项技术，发球他不及罗迪克，网前不如亨曼，正手不如纳达尔，反手不及库尔腾，移动不如休伊特。但综合起来，却无一人象费德勒这么全面。有人说看费德勒打球，似乎很轻松、从容，极少有被动的时候，极少有被对方调动满场跑的现象。

其实，根本原因在于判断准确，起动早。正如田径百米赛跑的起跑起动缓慢，即使你速度再快，但等反应过来，哪怕晚零点零几秒，已被人拉出一截。网球比赛在左右（单打）8.23 米、前后（单打半场）11.88 米的距离中，只要反应比别人快一点，那么跑位就会很及时，准备就很充分，回球自然很从容。

但起动早的前提是判断，判断准确，才能及时到位，回球准确。判断失误，必然造成到不了位，击不准球，由此可见，在回击球时，重要的是快速反应、快速判断。对于网球爱好者而言，特别是青少年参加网球运动无疑对提升注意力，开发大脑的判断力有着十分重要的作用。

有意思的是几年前，美国人曾经作过一次测验，给世界所有竞技体育项目选手的智商排队。结果相当有趣，排在最前面的，也就是最聪明的是网球选手，其次是乒乓球选手，最笨的不是别的项目，而是最贵族化的高尔夫球选手。

网球是一种高体能、高技术、高心智的竞技，三位一体，不可偏废。选手整体水平的高低，取决于这三者融合的程度。在 21 世纪前后几年，在这方面融合最好的当属桑普拉斯。他的外表冷漠得像一尊希腊石雕；有着希腊血统中的沉静、严谨，机敏、朴实性格的他把力量与速度、发球与接球、底线与网前、正手与反手、理智与灵感等元素通通调动起来，组成了一辆攻无不克的战车。曾与之并肩称雄的阿加西，打出那种飘忽而怪异的线路和落点，很多情况是靠他的第六感官完成的。与其称他们为天才，不如说他们是智者。

## 激励人生的励石

网球还是励石，可以激励创业，激发创新。在打网球比赛中常常有被动的开局，初学网球会遇到重重困难。网球运动在逆境中奋起，被动中化为主动，可以给人生以极大的启迪。香港著名房地产成功人士霍英东先生从一个贫困潦倒的打工仔艰苦创业，发展成为拥有百亿元的超级富翁，从船民之子成为人大常委。

在香港文艺书屋的《香港亿万富翁列传》中将他列为开卷首富。仅以 1978 年以来粗略统计，他在中国内地的捐款、低息或无息贷款投资总额在 10 亿港元以上。而这些恐怕只是他资产的百分之一。香港媒体称他“白手起家、艰苦创业、名成立就、爱国爱乡”。

这位起点极低的香港大亨成功的秘诀是什么？我们从其传记中也许会找到蛛丝马迹。文中记述到：“他那视为掌上明珠的小女儿霍利娜，曾经对采访她的记者说，我不晓得父亲是在什么时候工作。每天下午两点他乘车抵达办公室，处理公务。四点左右，他直赴当地华人会所，打四五局网球，有时则去小足球场活动。也许他在办公室里很忙，但我想他大部分工作是搭车或打网球时在脑袋里完成的：因为他所做出的决定都是突如其来的。他的秘书陪他到网球场，而他往往就在球局间签署文件和发往世界各地的信函。直到午夜回到家里他才松懈下来，像一个平平常常的爸爸一样，他和我们坐在饭桌前谈天说地，又笑又闹，直至凌晨两点。”

网球也许只是霍英东的生活爱好，但从他这位宝贝女儿的谈话中，人们不难看出，网球对于这位成功创业者的意义。

在日本有一个国际知名企业三菱重工。这个于 1870 年创办的年销售额达 27000 亿日元，在船舶、航空、航天、动力机械方面领先世界的庞大企业中，有一位担任企业主要负责人的原三菱副社长佐久间先生，就是一位颇有影响的网球人。

佐久间少年时代受表兄、表姐的影响开始打网球，一打就是70年。中学时代他获关东地区中学生网球赛第一名。20世纪50年代考入东京大学后，代表这所著名大学获得全国大学生网球赛的优胜。由于常年坚持打网球，从体力到精力都十分充沛。年轻时每月加班160多个小时，从未感觉累。

年过70岁后，他曾患食道癌、胃癌及前列腺炎，股骨也曾断裂，经过大手术后，是网球让他重新站立起来，并有了健康、快乐的晚年。据说，老人现在每周至少打3次球，每月还参加两三次比赛。他说："网球可以让你克服许多矛盾和困难，常常能在烦恼中获得解脱，在失望中获得勇气。是网球让我保持了一个积极、奋斗的人生。"

网球对佐久间获得事业上的巨大成功也起到积极的帮助作用。他回忆说："年轻时通过教上司打球，可以很快领会上司的意图，学到很多东西。当企业副总后，要面对大量的业务和人事方面的难题。但是通过打球、娱乐，与部下有一种心灵相通的感觉，彼此沟通变得轻松、融洽，合作十分愉快：网球还常常能使人获得创意和灵感，在长年的业务交流和谈判中，我经常是背着网球包到各国各地出差，有许多信息和机会是从球场上获得的。"

从霍英东等成功人士身上我们看到网球对照亮人生、改变命运的积极作用。而网球那种"永无止境"的要求，同样会给一些不断创新、不断寻找新机会的人励志。

## "永无止境"

了解和接触过网球的人都知道，网球有一个最大特点，也是最吸引人的地方就是技术永无止境，天外总有更阔的天，山外总有更高的山。

网球是一项"挑战自我"的运动，不仅在技术动作上，更在精神和心理上。这对于培养塑造一个全面的人才，提高人的整体素质有着积极的意义。

中国著名电影导演夏纲，其网球运动史有十几年，其技术水平在演艺界已列为高手。其爱人孟朱是著名的编剧，二人除了拍戏，只要有空就会活跃在网球场。有时既无场地也无对手，孟朱就对墙苦练，一打就是几筐球。

在采访著名体育学家周铭共夫妻时，问起他们为什么这样着迷网球时，他们回答："当打出一个符合自己对网球的理解、动作很舒服的球时，那是最爽的时候。那种击球的声音，那种完成一次漂亮动作的感觉，是其他任何东西所不能比拟的。"

当问起网球与拍电影有没有关系时夏纲导演说道："电影是一种遗憾的艺术，每完成一件作品，都会感觉到有一种不足，总想要在下一部作品中去加以弥补。网球也是一种没有止境的运动。即使练得再好，即使赢得一场比赛，但事后总有不足……"

# PART 2 历史发展

## 美国网球运动的发展

网球在 19 世纪后期最先流行于英国，紧随其后开展网球运动的国家是美国。

关于网球在美洲的兴起和发展，在《完全网球：终极网球百科全书》中有详尽的叙述：美洲大陆的新移民们在第一时间接受并深深地爱上了网球运动，这大概要感谢当时著名的体育杂志《The Field》，它在欧美两地拥有大量的读者。

北美大陆的第一场网球比赛大概已经无史可考。但有据可循的第一场比赛则是在 1874 年 10 月 8 日，奇怪的是，这次记录并不是来自发达的新英格兰 13 州，而是来自遥远的亚利桑那·阿帕奇兵营。

这一小段叙述来自于《消失的亚利桑那》一书，书中写到，威尔金斯·巴里军官的夫人艾拉在打一种叫做网球的东西……由此推断，当他们一家在 1874 年 8 月 6 日离开旧金山来到亚利桑那之前，网球运动就已经在美国的西海岸登陆了。

同样，在东海岸的纽约、波士顿、费城和新奥尔良等大城市，网球运动也相继到来。没有人确切知道究竟是谁在何时何地第一次挥动球拍，但没有人怀疑詹姆斯·德怀特先生是名副其实的“美国网球之父”。

1880 年网球场上的绅士和淑女

据说，他在 1874 年的时候就和表兄弗雷德·希尔斯在自家位于波士顿的土地上建立了网球场，到了 1876 年，此人又组织了第一项网球赛事，称作“Nahant Tournament”，德怀特本人成为那次比赛冠军。

就在德怀特先生创立“Nahant Tournament”锦标赛的 1876 年，美洲大陆的第一个网球俱乐部在波士顿宣告成立，两年后，属于希尔斯家族的“Long wood”板球俱乐部也接纳了网球运动。

在早期的美国网球发展史上，希尔斯家族可谓显赫一时，除了迪克·希尔斯蝉联了 7 届美国网球锦标赛的男单桂冠以外，还有一人被选入网球名人堂，一人获得了 1907 年美国网球锦标赛冠军。

1880 年，一项称为国家锦标赛的赛事在纽约开赛，据说参赛的德怀特质疑比赛用球，却被裁判告知那是符合全英俱乐部规则的标准用球。同年 9 月 1 日，纽约斯达坦岛板球和棒球俱乐部的草地球场上正式上演了网球比赛。遗憾的是，标准的记分规则和记分术语没能得到采用，于是，在一种奇怪的记分规则下，来自英国的伍德豪斯以 54∶50 击败了加拿大人海尔姆斯。

同年在波士顿举行的另一场赛事中，裁判又应用了皇家网球的记分规则，这种混乱的局面让所有人意识到，统一的规则势在必行。于是，在 1881 年 5 月 21 日，33 家网球俱乐部齐聚纽约的第五大道饭店，成立了全美草地网球协会，并宣布全英俱乐部的网球规则将被应用在日后协会所举办的所有赛事当中。

这次会议的另外一个重要决定就是在 1881 年将举办一项一年一度的全美网球锦标赛，也就是日后美国网球公开赛的前身。该协会当年 8

月31日至9月3日，在罗得岛纽波特港举行第一届美国草地网球的男子单打和男子双打锦标赛，采用了温布尔顿的比赛规则。参加比赛的有26人。单打冠军是理查兹·西尔斯（他连得7年冠军），双打冠军是克拉克与泰勒。

相比之下，美国的女子网球发展则更为独立，从一开始就拥有一项独立的女子网球赛事。1887年，第一届全美女子网球锦标赛在费城的费城板球俱乐部场地上举行。在此后的33年里，费城板球俱乐部掌管着这项赛事，直到1921年移师纽约著名的森林山赛场。

1889年2月9日，全美草地网球协会宣布，正式接纳女子球员参赛，并在全美网球锦标赛中增加女子项目。

全美草地网球协会在1881年建立后，德怀特先生成为协会的第二任主席，并在协会成立后的31年中担任这一职务长达21年。他的两本著作《草地网球》（1886）和《草地网球实战》（1893）为这项运动在美国开展起到了启蒙和引导的巨大作用，直到1920年比尔·蒂尔顿的《草地网球艺术》出版之前，德怀特的著作一直是所有美国人走上网球场前的标准教科书。

当时的美国总统西奥多·罗斯福爱上了网球运动，他不仅积极支持修建网球场，举行网球比赛，而且还经常邀请陪同他骑马散步的朋友们在白宫球场上打网球，所以人们称他为“网球内阁”。

酷爱网球运动的西奥多·罗斯福总统

因此，美国的网球运动得到了空前的发展。在两次世界大战中，全世界的网球都停赛了，唯独美国没有停下来。相反，美国的网球运动还出现了令人惊异的高峰、极盛时期，竟有4000万人参加网球运动，所以直到今天，美国的网球运动始终处于世界领先地位，优秀的网球明星层出不穷。

## 网球运动的发展史

草地网球运动诞生后的短短几年之内，就在世界上的很多国家风靡一时。1875 年，苏格兰、巴西和印度建立了自己的网球场地和网球俱乐部。第二年，德国人也拿起了网球拍，到了 1877 年爱尔兰的都柏林和法国的巴黎也有了自己的网球组织。1878 年，澳大利亚、瑞典、意大利、匈牙利和秘鲁建立第一批网球场。1880 年，网球运动传播到了瑞士和丹麦。1881 年阿根廷、1882 年荷兰、1883 年牙买加、1885 年希腊和土耳其、1889 年黎巴嫩、1890 年埃及和芬兰，1891 年南非……也纷纷开展了网球运动。

沙俄的领主和贵族们也被这项运动的魅力所吸引，纷纷在各自的领土上修建球场，这其中就包括俄国著名的作家列夫·托尔斯泰。在托尔斯泰的笔下，不仅对 19 世纪中期俄罗斯绅士、淑女打网球的动作、神态有细致入微的描写，而且特别提到“仔细碾平的网球场”和“系在两个镀金杆子的球网”，充分说明当时俄罗斯网球在贵族中的流行。至于网球何时从英美传入俄罗斯，现尚无据可查。

当年的沙皇对网球运动也充满了兴趣。他不仅自己打网球，而且在俄罗斯皇宫内举办过皇家网球赛。曾获 19 个温网冠军的伊丽莎白·莱金在 1917 年参加过最后一届俄罗斯皇家网球赛。后来她回忆到：“我们受到皇家待遇，沙皇酷爱网球，我们还和他打混双比赛。球童都是穿着制服，用银盘子把球递给我。”

1879 年，波西米亚的一位公爵注入重金举办了一场网球大奖赛。有意思的是，同年在波西米亚和匈牙利举行另外两场赛事的冠军奖品却是一大桶葡萄酒和一根黄瓜！

现代网球传入亚洲大约是在19世纪70年代。1870年，由在横滨的欧洲人在横滨山手修建了第一个洋人公园。1876年，由洋人在山手公园修建了日本的第一块网球场，不久便举行了第一次网球比赛。从此，网球在日本各地逐渐开展起来。

澳大利亚开展网球运动虽然较法国、英国晚，但是进步很快。早在1770年英国“奋进”号船长詹姆斯·库克来到杰克逊港也就是今天的悉尼港之后，揭开了澳洲大陆的神秘面纱。1788年1月26日，阿瑟·菲利浦船长带领300名部下和被押解的700名罪犯也来到这里，把英国国旗插上这片荒芜蛮夷的土地，开始了澳大利亚的殖民岁月。

1880年前后，澳大利亚网球已有坚实基础。1885年举行了洲际间锦标赛。1904年成立了澳大利亚网球联合会。1905年在墨尔本举行了第一届澳大利亚草地网球赛，1968年被批准为公开赛。因为澳大利亚距欧美路途遥远，气候炎热，欧美选手很少去参赛，初期参赛的主要是本土运动员。

据德国汉堡驻中国联络处文章介绍，19世纪初，一群自称为足球运动员的英国商人来到汉堡，将滑船、帆船、马术比赛和网球、高尔夫带过来，汉堡从此开始了这些运动。网球从此进入了德国。

在20世纪初，网球进入了一个新的阶段。由于国际间网球活动增多需要设置一个能够组织、管理国际间网球活动的机构。于是在1913年国际草地网球联合会（ILTF）诞生。美国人杜安·威廉姆斯是最早提议建立协会的发起人，遗憾的是，就在ILTF筹建期间，杜安搭乘泰坦尼克号从英国返回美国，却在大海中遇难，幸好他的儿子迪克·威廉姆斯大难不死，成为日后一位伟大的冠军。

在ILTF成立前，一直以来掌管国际网球事务的机构都是不列颠草地网球协会，协会旗下成员国众多，到1913年移交时共有澳大西亚、比利时、波希米亚、锡兰、智利、芬兰、匈牙利、爱尔兰、牙买加、毛里求斯、荷兰、挪威、里维埃拉、俄罗斯、南非、西班牙和瑞士17国，以及15个国家的26家独立俱乐部。

20世纪初奢华的草地网球运动

ILTF成立时有17个国家受邀请，只有英、法、美等12个国家派代表参加，后来发展到100多个。它的成立为网球的进一步发展开辟了一条更加广阔的道路。

而在此前的1900年，由美国人德·戴维斯开创了一项新的男子团体赛，它是以国家为单位组队的国与国间的比赛，银质奖杯也是由戴维斯捐赠的，因此被冠名为“戴维斯杯”。百余年来，此项赛事一直是国际网球最重要的男子团体赛事。

20世纪70年代以后，网球又得到了进一步的发展。网球运动发展较快的主要原因有如下几点：第一是允许职业选手参加温布尔顿等锦标赛，开创了职业网球巡回赛的先河，取消了职业选手的业余选手的界限，增加了大赛的激烈程度的热烈争夺的气氛，从而促进了运动员技术水平的提高，吸引了广大网球爱好者从事该项运动的热情和观看、评论网球比赛的积极性。

第二是科技在球拍等器材制造中的应用，促进了先进器材的生产，技术水平的提高，造就了一批年轻的优秀选手，从而促进了网球运动向前发展。

进入20世纪90年代后，网球的发展有这样几个特点：一是普及，据有关资料透露，1990年初，在国际网联注册的就有156个协会；二是水平高，争夺激烈；三是随着器材的改革，尤其是球拍的研制，网球将向着力量、速度型方向发展；四是随着各种大赛奖金的不断提高，网球的职业化、商业化程度会越来越高。

总之，作为一项魅力十足的运动，网球运动将以其无比的魅力和不断发展的技术赢得越来越多的爱好者和观众。

# 中国网球运动的发展

19 世纪中叶，中国在鸦片战争后被迫陆续开放了一些沿海通商口岸，西方的官员、商人、传教士和驻军络绎而至，网球运动由他们带进中国。

1843 年，上海被辟为商埠对外开放，西方人士纷至沓来。根据 1848 年的有关资料记载，当时就有一些外侨拍打戏耍英式古老的室内手墙球（即网球的前身）。1860 年，英法联军侵华，英军占领天津紫竹林作练兵场，随后逐渐增设田径场、足球场以及网球场，这是在我国建立网球场的最早记载。

1876 年，上海以外侨为主的网拍总会建造了两片草地网球场，球场两端的挡墙是水泥与石块砌成的。这些建筑原材料，皆由日本的长崎市海运而来。这两片草地网球场，是上海最早的标准网球场。当时，上海网拍总会还专门雇用了两名中国人为场地管理人员，负责草坪的整修和保养，同时他俩还兼职陪伴会员打球的差事。

据《中国网球史》介绍，1888 年，广州沙面已划为英租界，并修建了网球场。而在此前后，美国基督教在沙面东侧创建格致书院——岭南大学的前身，即开展了网球活动。岭南校园中网球场曾多达 15 片，嗣后如真光、培英、培道、培正等教会学校，粤海关、邮政局、东校场、中山大学都辟有网球场。

在中国传播网球运动得力于基督教会。19 世纪后期，英、法等国先后在上海、北京、天津、广州、香港等地创办教会学校，在全国大中城市建立基督教青年会。许多传教士和外籍老师喜欢打网球，他们的工作对象是青年学生，体育又是青年会的主要活动内容，网球活动应运而生，甚至有些县城都建了网球场。

在19世纪末20世纪初，建校最早的教会学校都有网球活动，如上海圣约翰大学、沪江大学、震旦大学、苏州东吴大学、长沙雅礼大学、广东岭南大学、北京燕京大学、广州夏葛医科学院、北京协和医科大学、浙江之江大学、南京金陵大学、山东齐鲁大学、四川华西协和大学。

中国的网球是由传教士、官员传进来的

其他如天津、青岛、香港、福州、厦门、宁波等许多城市都有教会学校（包括中学），当时教会大学在校学生占我国在校生总数的80%，他们参加网球活动，也带动当地其他学校师生参与，校际之间经常举办比赛。

网球活动在我国各大城市逐渐开展起来以后，网球比赛随之产生。有资料显示，1899年，上海圣约翰大学曾举办斯坦豪斯杯网球比赛。上海网拍总会、华侨总会及板球总会，每年都举办比赛，只有外侨才能参加。

中国人举办网球比赛较早见诸报端的是1905年北京汇文学校与北京通州协和书院的校际比赛，嗣后清华大学加入成为三角对抗的校际比赛。在此前后，上海、南京、苏州、杭州、广州、香港先后都举办过校际比赛。

1908年前后，美国教师那爱德在四川拍摄的老照片中就有一幅四川大学前身四川大学堂打网球的照片。1910年，法国人修滇越铁路时将网球运动带入云南。1914年，太原已有中国和外国人参加的近50人的“国际网球会”。

总之，中国的网球竞赛开展得较早，从1910年的第一届到1948年的第七届全运会都设有网球比赛，第三届开始开设女子比赛。

# 中国网球走向世界

## 早期选手积极参加世界大赛

1912 年，侨居在菲律宾的美国人布朗倡议召开远东运动会，目的是促进东亚各国体育运动的发展和提高，为参加奥林匹克运动会做准备，同时加强东亚各国之间的友谊。运动会的组织者是远东体育协会。

远东运动会从 1913 年开始举办，每两年一届。我国从 1915 年第 2 届首次参加网球比赛，每届都是日、菲、中三国角逐。第八届至第九届时隔三年，第十届时隔四年，增加了印度尼西亚（爪哇地区）。

在第十届远东运动会期间，围绕“满洲国”参加比赛的问题发生争执，中、日双方意见迥异，于是，经历 21 年的远东运动会遂告解体。

中国在历届远东运动会网球赛上，只在 1927 年依靠林宝华、邱飞海之力，得过一次冠军。第十届印度尼西亚参加，被菲律宾以 4:1 淘汰，中国亦以 1:4 败于日本。日、菲决赛因天公不作美，连日降雨而未进行。其他各届除第一届日本未参加外，冠军均被其夺走。

远东运动会网球比赛采用戴维斯杯赛制度，设有四场单打，一场双打，共 5 场，胜 5 场中的 3 场即为胜方。

戴维斯杯赛发端之时，中国网球尚属启蒙时期，主要是在沿海城市和教会学校偶有开展，又难于筹募比赛经费，多年未曾问津。直到 1924 年，热心的旅美华侨叶崇勋负责向华侨募捐，由中华业余运动会向国际网联报名，从旅美留学生中选出韦荣洛、江道章及黄景濂三人，前往澳洲参加戴维斯杯比赛。

由于赛前没有准备，球员们的技术太差，结果以 0:5 败北。次年，中国继续报名参加，抽签对日本，后因经费和人选发生困难，没有派队出赛。1926和1927年两年未报名。

1927年，华侨林宝华和邱飞海分别从澳洲和马来西亚归来，代表我国参加在上海举行的第八届远东运动会网球比赛，他们在远东运动会上的胜利，使国内网球界精神振奋，于是又报名参加了1928年的戴维斯杯赛，选派林宝华和邱飞海组成中国戴维斯杯队赴美国，由梅其驹任领队。

邱飞海因事未能成行，后选江道章代替。首战即逢美国，美国队阵容强劲，队员中有多次获得温布尔顿大赛冠军的蒂尔顿，已是7年连续保持戴杯锦标赛的冠军队了，中国队失利乃意料中事，这次比赛中国队以0:5告负。

20世纪30年代初，被誉为网球新星的印尼华侨许承基回国，我国网球实力增强，遂从1935年起，连续三年报名参加戴维斯杯赛。

许承基和郑兆佳同时被选为1935年中国戴维斯杯队赴美洲参赛。不巧第一轮又碰上了美国队。美队主将唐·布奇曾获后来两届温布尔顿大赛单打桂冠。许承基乍逢强敌，敢打敢拼，虽以3:6、1:6、8:6，2:6败北，但其不畏强手，发挥了精湛球艺，博得网坛好评。另外四场比赛虽均以0:3失利，但每盘都可得三四局，有一盘还得5局。这一成绩较之1928年算是长足进步了。

1936年，我国参加戴维斯杯欧洲区的比赛，队员仍是许承基、郑兆佳、蔡惠全，林宝华任领队兼队员。抽签结果，首战又逢欧洲网坛霸主、连续六年夺杯的法国队，结果还是0:5告负。

1937年我国继续涉足戴维斯杯赛。那年郑兆佳在美国留学，未能请假参赛。技术、经验俱佳的林宝华也因故未参加。首选许承基具有两次杯赛的经验，技术水平提高很快，在与新西兰的首轮交锋中，连胜马弗雷和史德曼，独得两分。可惜另外两名队员蔡惠全和徐炜培水平尚差一档，结果总分以2:3被淘汰。但国际间评论，认为中国运动员球艺已竿头日上，此次虽败犹荣，许承基被列为世界一流选手。

第二次世界大战结束，停办了六年的戴维斯杯赛于1946年恢复比赛。我国成立了参加戴维斯杯赛委员会，筹集了4000英镑的比赛经费，选派许承基、蔡惠全、史孝建组队赴欧洲比赛。第一轮对丹麦，以4:1获胜，这是我国参加戴杯赛以来的第一次胜利，许承基连胜二场单打和一场双打，为中国队争取了3分，立了头功。

第二轮对比利时，许承基又胜了两场单打，但因队友蔡惠全实力欠佳，终以2:3被淘汰，重现了1937年败于新西兰的情形。

尽管如此，1946年戴维斯杯赛初战的胜利还是使国内沉寂的网球界为之激动，给中国体育界很大鼓舞。

### 新中国网球运动的发展

新中国成立后，在党和政府的关怀下，网球运动在起点低、基础差、交往少的情况下逐步发展。1953年，新中国的首次网球赛事在天津举行的四项球类运动会上进行。1956年，举行了全国网球锦标赛，同年10月23日中国网球协会成立，孙耀华任主席，委员13人。随后在中国网协的领导下定期进行有升降级制度的甲、乙级团体赛，单项赛及青少年赛等，并且在每届全运会中都设立此项目。1958年，我国首次派代表团参加了在伦敦举行的温布尔顿网球赛。

20世纪60年代初期，由于国家经济困难，再加上特定的历史因素，全国性的网球比赛一度停顿。直到1964年才举办网球比赛，但在1966年后的几年间，网球比赛和活动都被取消。1972年才逐渐恢复开展活动，国家安排了一些网球比赛，但参与人数少、水平低。

改革开放后，中国网球运动飞速发展。1986年，李心意获北京第十届亚运会女单冠军。进入到20世纪90年代，随着改革开放进程的加快，中国的网球运动也有了质的变化。

在1990年的第十一届北京亚运会，网球喜获三金。1991年，女队杀入联合会杯团体赛世界组。1993年，夏嘉平获大运会网球赛男单冠军。1994年，成立了中国网球运动管理中心。1995年，从《网羽天地》脱离出来，创办了中国第一份网球运动独立性杂志——《网球天

第十届亚运会女单冠军李心意在训练

地》。

管理中心还采取“走出去，请进来”的方法，每年不定期地邀请国外知名网球专家来华讲课，进行培训，大大增强了国内网球人士的理论知识。

与此同时，管理中心也将国内一些有发展前途的年轻选手送到网球发达国家进行短期或长期训练，开阔他们的眼界，并且在国内，每年都承办几站国际卫星赛、巡回赛，使选手们有更多的机会与高手较量，积累参赛的经验，一改以往只练不战的局面。

1999年，管理中心又创办了“吉隆泰网球俱乐部甲级联赛”，使运动员有了更多锻炼机会。在二十一届北京世界大学生运动会上，中国队的李娜获女单冠军，与李婷配对获女双冠军，与朱本强配对获混双冠军，一人包揽三金。

同时朱本强也打进前八强。这次成绩，证明了我国网球水平的进步，令人鼓舞。但是同世界职业选手相比，我国的网球水平与世界水平差距是巨大的。特别是男子方面，无论是从戴维斯杯的参赛情况上看，还是从男选手的国际排名上看，都足以证明。

这个时期，应记住一个名字：李芳——第一位参加四大网球公开赛的中国选手；唯一闯入世界排名前五十位的选手；唯一走出国门，靠自己打球来养活自己的职业运动员。

1992年，李芳进入澳网第三轮，这个中国选手征战大满贯赛的最好战绩，保持了12年之久。1994年，李芳进入法网第二轮，这是中国选手当时征战法网的最好战绩，也保持了有10年之久。

在当时看来，李芳的成绩和经历都称得上是中国网球选手中的“另类”。其实，此后很多中国网球选手都走上了跟她同样的路。世界网坛的发展已经证明：男子网球选手只有涉足职业选手协会（ATP）巡回赛，女选手只有踏进女子网球协会（WTA）巡回赛，才是走向世界的唯一出路。

2004 年，中国的双打选手李婷搭档孙甜甜站在了迈阿密大师赛的女双半决赛赛场上，能够进入迈阿密女双四强，这对中国姑娘已经创造了中国网球史上新的纪录：在总奖金高达 650 万美元的 WTA 一级赛事的半决赛上留下了中国人的足迹。

在同年举行的雅典奥运会，李婷孙甜甜夺得女子双打冠军。2006 年，澳大利亚网球公开赛上，郑洁晏紫夺得女子双打冠军。同年，郑洁晏紫组合又在温布尔顿网球公开赛上夺得女子双打冠军。

2011 年，中国选手李娜又在法网公开赛上历史性的取得中国，乃至亚洲第一个大满贯单打冠军。这一切表明，中国网球尤其是女子网球，已经可以和传统强国并驾齐驱了。

中国网球协会的官方数据显示，从 2004 年至今，中国的网球人口迅速增长到 812 万人。在各个网球运动开展较好大城市中，经常可以看到一些身背球拍的小朋友，或在家长的陪护下，或几人结伴，在课外时间去球场参加业余体校的训练。看着他们比球拍高不了多少单薄的身体，但可千万不要小看他们，他们中间或许就有将来的世界冠军。

# 网球运动促进身心健康

## 亚健康的克星

现代社会人们追求生活的品质，关注身体健康。但什么是高质量的生活？什么是真正的健康？许多人并未能准确地回答。

世界卫生组织（WHO）在其宪章中对“健康”做出了权威的定义：“健康不仅是免于疾病或衰弱，而是身体、精神的健康和社会幸福的完美状态。”

换句话说，健康不仅仅包括身体健康，而且包括心理健康、精神健康和社会适应健康等方方面面。

随着经济的发展，社会竞争的加剧，人们承受的精神压力也随之倍增，人们在享受现代物质生活的同时，也产生了各种现代的疾病。这种疾病被称为“亚健康”。其在临床上被诊断为疲劳综合征、内分泌失调、神经衰弱、更年期综合征等。

专家们建议，每周能在灿烂的阳光下呼吸着新鲜的空气，打打有趣的网球，对治疗“亚健康”会起到积极作用。它可以帮助人们转移、分散生活中的问题和应激源。它使人充实，避免在苦闷、孤独的心情中用酒精、香烟等不良嗜好来摧残身体。运动的疲劳是克服紧张的最佳良药，激烈的网球比赛对消除和减轻焦虑如镇静剂一样有效。

正像顾拜旦所说：“体育，你就是乐趣。想起你，内心充满欢喜，血液循环加剧，思路更加开阔，条理愈加清晰。你可使忧伤的人散心解闷，你可使快乐的人生活更加甜蜜。”

## 塑造完美的身材

法国杰出的艺术大师罗丹说过：“在任何民族中，没有比人体美更能激起富有感官的柔情了。”这位享誉世界的雕塑大师说出了人体美在艺术中的地位。其实，早在公元前，古希腊艺术家就创作了一大批以体育人体美为题材的艺术作品。米隆的《掷铁饼者》就是传世之作。在现代艺术中，人体美仍然是艺术家创作的重要主题。

人体美受到古今艺术家青睐是不言而喻的，体育在塑造和表现人体美所具有的巨大作用，也是尽人皆知的。如今流行的健身健美运动，形体美训练和舍宾等无不包含这一因素。最能表现人体美的体育项目莫过于艺术体操、花样游泳、花样滑冰、体育舞蹈，等等。然而，作为“绿

茵芭蕾”的网球，其艺术魅力绝不在前几项运动之下。

在网球爱好者中，有人将其分为三种类型：一是健身网球——为出汗、健身；二是竞技网球——为比赛乐趣；三是唯美网球——为欣赏、为享受。这在其他运动项目中是不常见的，特别是“唯美”。

为什么会出现这种现象？原因就是网球本身的魅力。人们在观看明星们的比赛时，且不论竞技的结果如何，单就其外在的击球动作，就能让人如欣赏翩翩起舞的艺术表演，让人如醉如痴。当人们看到中世纪起那些穿着白色衣裤的运动员在绿色的草地上挥舞着球拍，自然会联想起“天鹅湖”中在月光下翩然起舞的“天鹅”；当人们看到网球场上各种时尚装束的网球选手，仿佛又看到T型台上穿着流行时装的模特，因此，网球不仅具有古典美，而且极具现代美。

人们观看网球与其说是看比赛，不如说是在欣赏网球运动员的人体美，是在欣赏网球的运动美。人们会发现，网球运动员的背很宽，拥有发达的背阔肌和胸大肌，显得挺拔有力。

他们发达的腰腹肌群，正是时尚界最流行的标志，Y字型的小腹是众多女青年追求的目标。特别是网球运动员的双腿，细长而笔直，更是众多青年梦寐以求的。

为什么网球运动员大多有如此令人羡慕的身材呢？这就要从网球运动能改变人体肌肉说起。打网球是一项全身运动，其各个动作都与腰腹密切相关，每个击球动作都需要腰腹力量的配合。例如，网球中最常用的动作是正手击球，而正手击球的第一个动作是引拍。在引拍时，需要向后转体，需要胸大肌和肱二头肌同时用力，在击球时，又需要向前转体，需要运用背阔肌和肱二头肌，而在击球后要完成动作，同样背阔肌随之往前伸。这项技术的一套连贯动作，会使腰、腿、肩、背同时得到有力的锻炼。

再比如发球，发球者需要侧身，抛球时腰成“弓”形，持拍臂要“挠背”，击球瞬间，要“甩鞭”，整个过程必须用腰发力，扭转腰腹。正是这种长期的发球练习，可以使腰腹的肌肉群得到有力的锻炼，在锻炼中不知不觉会影响着体形。

纤长匀称的人体美，取决于肌肉的形状。只有纤长的肌肉才能构成纤长的身材。根据力学原理，只有细长的、弹性非常好的肌肉才会产生爆发力，而爆发力和肌肉的作用是相辅相成的：细长肌肉产生爆发力的同时又对肌肉产生拉长作用。所以打网球，会使肌肉变得细长，从而拥有优美的身材。

# PART 3 目前状况

当今网坛，男子网球由德约科维奇、穆雷、费德勒把持着，女子网球则由小威廉姆斯、阿扎伦卡、莎拉波娃左右。由此不难看出，在网坛上唱主角的依然是欧美名将，亚洲选手往往只是“配角”。

近年来，虽然有李娜、彭帅等中国选手问鼎顶级赛事，取得了辉煌的成绩。但是，人们只看到了这些光辉的时刻，却没有注意到，这一次次的新纪录是由多少的失败堆积而成的，在获得一次冠军、亚军或者是进入几强之前，有多少亚洲选手在第一二轮就被淘汰了。

在国际女子网坛的赛场上，出现的亚洲人面孔也就那么几个，其中有中国的李娜、彭帅和郑洁等。

至于男子网坛，更是清一色的欧美面孔，亚洲人想打进世界排名200名之内都很难。具体到中国男子网球，情况即更加不容乐观了。与其他亚洲国家相比较，中国网球大致处于第二档的位置，更不用说是世界性的舞台了。

到目前为止，中国没有排名在世界前100的男子选手，战绩最佳的也只不过排在世界第290名，这样的一个排名很难有所作为。由于国际排名在200位上下，中国男网队员基本只能参加国际网联旗下的挑战赛，这种级别的比赛通常都是国外青少年选手参加的。在这样低的排名之下，很多高级别的比赛项目就不能够参加，现在国内尽管每年都会举办多项赛事，但是中国男子网球运动员的参赛成绩不高，甚至连参加中国网球公开赛都需要用到外卡名额，更别提更高级别的赛事了。

整体实力不强的男子运动员很难大幅度提升自己的世界排名，世界排名不高就无法参加更高级别的赛事，也不能够积累更多的积分，这样就成了一个恶性循环，怎样提高自己的水平和拿更多的积分就成为了一个难题。

为什么会出现这种情况呢？首先是缺乏自信。2010 年中网男双首轮爆冷击败种子选手的结果，极大地增强了中国男网队员的自信心，也证明了中国男网选手并非不能创造奇迹。但对于他们来说，这种机会实在太少，这也成为限制中国男网水平进一步提高的最大障碍。而就目前而言，李娜的教练托马斯说，“不断参加比赛，是职业网球选手成长、成熟的唯一途径，这既是对他们能力的锻炼，也是他们建立自信、树立更高奋斗目标的必要过程。”

除了自信心的原因之外，对于中国男子网坛来说，人才真的很稀少，可能是和天赋有关，但是，最大的一个原因还是因为没有顶尖的教练去训练和帮助他们。而且，中国网球的个体化制度才刚刚开始起步，自己找赞助商，自己找教练，不由国家统一训练。

然而，中国男子网球选手的知名度普遍比较低，这样一来拉赞助是一个问题，找教练也是一个问题，什么事情都是要自己花钱，如果就连基本的生活都是一个问题了，又何来的比赛呢。就整个网坛来说，男子网坛的发展是非常迅速的，中国男子网坛已经是很落后了，如果再没有一个良好的支持他们发展的条件，那结果就会很岌岌可危了。

不过，一个不争的事实是，亚洲网球运动员的实力在近年来一直在增强，尤其是女子网球。在温网、澳网等大满贯比赛中和罗马公开赛等知名赛事中，亚洲人夺冠称王已经不再是什么稀奇的事情了。

# PART 4 场地设施

## 比赛场地

在欣赏一场比赛或者欣赏一名球员的表演时，网球场总是充当着“大舞台、大背景”的角色，球场的环境、设施，地表的颜色、质地等等，球员与它们融合在一起、映衬在一起，带给观众很好的视觉享受。

除此之外，不同质地的网球场更给球员提供了不同的发挥技艺、展现风采的天地，不同的球场更造就了不同类型不同风格的选手。草地，古典而优雅，虽然疾风迅雨般的厮杀、争夺全然没有绅男淑女的矜持，但隐隐透着的仍是大家风范与气度；红土地，凝重而深沉，不屈不挠的搏杀、奔跑中蕴含的是对胜利的渴望；硬地，跳跃而多彩，充斥着无拘无束的天性，放任着满天满地的幻想……

网球运动员是很幸运的，因为可以有机会体验如此迥异的气质。画画儿的人不能不知道自己面对的是宣纸还是画布，打网球的人同样不能不知道自己是在什么样的球场上打球，而看球的人若不了解网球场则等于失掉了大半与球员同生死共命运的相通之感，也少了许多可以与球员相交流的语言。

### 场地规格

球场应为长 78 英尺（23.77 米）、宽 27 英尺（8.23 米）的矩形。

中间由一条挂在最大直径为1/3英寸（0.8厘米）粗的绳索或钢丝绳上的球网分开。网的两端应附着或挂在两个网柱顶端，网柱应为边长不超过6英寸（15厘米）的正方形方柱或直径为6英寸（15厘米）的圆柱。网柱不能超过网绳顶端1英寸（2.5厘米）。每侧网柱的中点应距场地3英尺（0.914米），网柱的高度应使网绳或钢丝绳顶端距地面的垂直距离为3英尺6英寸（1.07米）。

在单双打两用场地上悬挂双打球网进行单打比赛时，球网应该由两根高度为3英尺6英寸（1.07米）的“单打支杆”支撑，该支杆截面应是边长小于3英寸（7.5厘米）的正方形方柱或直径小于3英寸（7.5厘米）的圆柱。每侧单打支杆的中点应距单打边线3英尺（0.914米）。

球网需要充分拉开，以便能够有效填补两根支柱之间的空间，并有效打开所有网孔，网孔大小以能防止球从球网中间穿过。球网中点的高度应该是3英尺（0.914米），并且用不超过2英寸（5厘米）宽的完全是白色的网带向下绷紧固定。球网上端的网绳或钢丝绳要用一条白色的网带包裹住，每一面的宽度介于2英寸（5厘米）到2.5英寸（6.35厘米）。在球网、网带及单打支杆上都不能有广告。

球场两端的界线叫底线，两边的界线叫边线。在距离球网两侧21英尺（6.4米）的地方各画一条与球网平行的线，为发球线。球网与每一边的发球线和边线组成的场地再被发球中线分为两个相等的区域，为发球区，发球中线是一条连接两条发球线中点并与边线平行的线，线宽须为2英寸（5厘米）。每一条底线都被一条长4英寸（10厘米）、宽2英寸（5厘米）的发球中线的假定延长线分为相等的两个部分，由一条短线分隔，该短线为“中点”，它与所处的底线呈直角相连，自底线向场内画。

除了底线的最大宽度可以不超过4英寸（10厘米）以外，所有其他线的宽度均应在1英寸（2厘米）到2英寸（5厘米）之间。所有的测量都应以线的外沿为准。

如果广告位于球场后侧司线的椅子后面，则广告中不能包括白色或黄色。浅色只有在不干扰球员视线的情况下才允许使用。

世界网球联合会（ITF）在说明中指出：在戴维斯杯、联合会杯和国际网联主办的巡回赛中，对于底线后侧和边线两侧区域大小的具体要求分别包括在各项赛事的相关条款中。

对于俱乐部和业余选手，底线后侧场地距离至少为18英尺（5.5米），边线侧面距离至少10英尺（3.05米）。

此外，网球场地上的永久固定物不只包括球网、网柱、单打支杆、网绳、钢丝绳、中心带及网带，以下情况也算永久固定物，如球场四侧的挡板、看台、环绕球场固定或可移动的椅子以及观众，以及所有场地周围和上方的配套设施，还有出于各自预定位置的裁判、司网裁判、脚误裁判、司线员和球童。

## 场地类型

### 草地

草地是历史最悠久、最具传统意味的一种场地。由于草地球场对草的特质、规格要求极高，而适宜的草籽又不具备良好的适应性，加之气候的限制以及其需要极周到、细致的保养与维护，费用昂贵，所以此种球场（特别是对用作正规比赛的草地网球场）很难被推广到世界各地。

目前每年的寥寥几个草地职业网球赛事几乎都是在英伦三岛上举行，且时间集中在六、七月份，温布尔顿锦标赛是其中最古老也最负盛名的一项。

草地球场的特点是球落地时与地面的摩擦小，球的反弹速度快，对球员的反应、灵敏、奔跑速度、奔跑技巧等要求非常高，同时球员也利用此特点大打“攻势网球”，发球上网、随球上网等各种上网强攻战术几乎被视为在草地网球场上致胜的唯一法宝，底线型选手在草地网球场常常无功而返。

### 人造草地

人造草地是天然草场的仿效物，其结构有点儿像地毯，只不过底层是尼龙编织物，其上栽植的是束状尼龙短纤维，为保持纤维的直立性，纤维之间以细砂为填充物。这种场地需要平整、坚固的基底，附设有良好的排水结构，并且，因其白色界线是与周围场地直接拼编在一起的，所以免去了许多诸如划线等维护上的麻烦，也使其成为了全天候场地的一种，维护者只需经常梳平整理并适时增添其间的细砂就可以了。

草地球场

软性场地

软性场地是不被人熟知的一个名字，但若提到法国公开赛的红土球场，人们立即就不会有陌生感了，它是“软性球场”最典型的代表。另外，常见的各种沙地、泥地等都可称为软性场地。

红土球场

此种场地不是非常坚硬，地表铺有一层细沙或砖粉末，特点是球落地时与地面有较大的磨擦，球速比较慢，球员在跑动中特别是在急停急回时会有很大的滑动余地，这些决定了球员必须具备比在其他场地上更优良的意志品质和更出色的奔跑、移动能力，否则很难取胜。

在这种场地上比赛对球员是极大的考验，考验其在底线相持的功夫。球员一般要付出数倍的汗水及耐心在底线与对手周旋，获胜的往往不是频繁上网者，而是在底线艰苦奋斗的一方。值得一提的是，沙地或土地网球场虽然造价比较低，但保养和维护起来却是相当麻烦的，平时

它需要浇水、拉平、划线、扫线，雨天过后它需要平整、滚压，等等。由此，打球的人更应该对场地及场地上的一切设施备加爱护。

硬地球场

经常打网球的人没有不熟悉硬地球场的，它是最普通的一种网球球场。硬地球场需要经常保养，而且维修费有时也很高。建造良好的硬地球场一般由水泥和沥青铺垫而成，表面涂有红、绿等漂亮的颜料或铺有一层高级塑料面层，其表面平整、硬度高，平时易于清扫和维修保养，基本上不用精心照顾。许多公共网球场都采用这种硬地球场。

硬地球场的特点是球的弹跳非常有规律，反弹速度也很快。需要注意的是硬地不如其他质地的场地弹性好，练球时应特别加强对膝、踝关节的保护，否则由于奔跑、移动的方法不尽正确，地表的反作用又很强，地表很僵硬，会比较容易造成伤害。

塑料网球场

塑料网球场的材质与塑料田径跑道的材质属同一类型，它以钢筋混凝土或其他类似的材质为基底，表面铺撒的是合成塑料颗粒，其间以专用胶水相黏，场地的弹性及硬度依塑料颗粒的大小、铺撒的紧密程度及其本身的特质而定。塑料场地颜色艳丽、管理方便，室内外皆可铺设，也是理想的公共球场。

塑料球场的特点是要求步法移动快。由于球反弹高，速度快，较适合发球上网的球员。

网球地毯

网球地毯是一种“便携式”可卷起的网球场，其表面是塑料面层、尼龙编织面层等，一般用专门的胶水黏接于具有一定强度和硬度的沥青、水泥、混凝土底基的地面上即可，有的甚至可以直接铺展或黏接于任何有支撑力的地面上，它铺撑方便、宜于运输且有非常强的适应性，保养上也是非常简单，只要保持地面清洁，不破损、不积水，与相应的排水设施作配套就可以了。室内室、甚至屋顶都可利用。

地毯球场的特点是球的速度根据场地表面的平整度及地毯表面的粗

糙程度而定，身体重心要下降、放低姿势，即使移动脚步也必须要低重心姿势，击球结束时收身动作要紧凑，要积极应战，大胆运用各种进攻战术。

## 网球器材

### 网球

场上用球外部需要由纺织材料统一包裹，颜色为白色或黄色，接缝处需无缝线痕迹。用球的尺寸需要符合比赛要求，重量要介于 2 盎司（56. 7 克）和 2 又 1/6 盎司（58. 5 克）之间。

在从 100 英寸（254 厘米）的高度向混凝土地面做自由落体运动时，反弹的高度应该介于 53 英寸（134. 62 厘米）和 58 英寸（147. 32 厘米）之间。

当在球上施加 18 磅（8. 165 公斤）的压力时，向内发生弹性形变应该介于 0. 22 英寸（0. 559 厘米）和 0. 29 英寸（0. 737 厘米）之间，压缩后反弹形变的范围应该介于 0. 315 英寸（0. 8 厘米）和 0. 425 英寸（1. 08 厘米）之间。这两种形变数据应该是以球的三个轴测试后得到的平均值。在每一种情况下任何两个数据之间的差异不能大于 0. 03 英寸（0. 076 厘米）。

如果在海拔 4000 英尺（1219 米）的高度进行比赛，就需要采用另外两种特殊用球。第一种是除弹跳高度要介于 48 英寸（121. 92 厘米）和 53 英寸（134. 62 厘米）以外，还要使球的内压大于外部气压，其他方面则与上面的描述完全相同，这种球通常被称为增压球；第二种球除弹跳高度要在 53 英寸（134. 62 厘米）和 58 英寸（147. 32 厘米）之间外，还要使球的内压大约等于外部的气压，并且能在指定的比赛场地的海拔高度保持60天以上，其他方面则与上面的描述完全相同，这种球通常被称为零压球或无压球。

国际网球联合会将对任何关于某种球或样品是否符合上述标准，或是否可以被批准用于比赛的问题进行裁决。这种裁决有可能是国际网联本身主动进行的行为，也可以依据所有真正感兴趣的人或包括任何选手、器材生产厂商或国家网球协会，以及它们的会员的申请来进行。这类申请与裁决应该按照国际网联的审查与听证程序来进行。

网　球

世界网球联合会规定，所有按照本网球规则进行的比赛中所使用的网球，必须列在由国际网联颁布的官方批准用球的名单上。

## 球拍

### 球拍尺寸

球拍根据其材料的性质可分为高强度球拍（Stiff racket）及相对来说的软质球拍（Flexible racket）。其中高强度球拍的控球能力相当强，适用于上网型或非常强调球的旋转的选手，但这种球拍由于柔韧性欠佳，所以不能利用球拍本身的弹性给球以很好的推进速度，手感比较僵硬。

软质球拍的弹性非常好，手感比较灵活，能够给球以很大的推进速度，但是其控球的能力稍逊。

球拍的重量及拍头与拍柄重量的平衡要根据球员驾驭球拍的能力及个人的偏好而定，有人喜欢拍头比拍柄重，有人相反，有人则喜欢头柄相称一样重。一般来说头重的拍子在感觉上能给球以更大的惯性及速度，柄重的拍子在控制球时可以感觉比较省力，而总体上比较轻的拍子可以更容易操纵一些，但对肘部的压力也大一些。

拍面的大小可根据拍框上的数字来确定，大拍面（Over size）、中拍面（Mid size）及普通拍面（Regular size）相对应的尺寸分别为 110（709.676 平方厘米）、100（645.16 平方厘米）、90（580.644 平方厘米）~95（612.902 平方厘米）平方英寸，目前已经出现了 124 平方英寸（799.998 平方厘米）的超大拍面。

初学者一般最好选用大拍面进行练球，因为拍面大，与球的接触面也相应就大一些，初学者击中球的概率也就高一些，虽说这只是许多初学者的一种感觉（他们在用拍面较小的球拍学球时总觉得不甚有把握击中球或经常就是击在了拍框上），但这种感觉是足以成为选择大拍面的理由之一的。

拍柄一般都包有皮革。拍柄粗细是否合适的标准是手握球拍时拇指的指甲是否能盖在中指近指甲处第一个关节之上，超过则有些细，可缠上一层吸汗带以增加些粗度，不到则有些粗，最好予以调换。发球上网型或是进攻型或是防守型的选手比底线型选手多喜欢用粗一些的拍柄。

球拍长度

纵观 20 世纪的网球拍，其长度都是 27 英寸（68.58 厘米），而且对球拍的长度没有作任何规定。但在 20 世纪的最后阶段，网球规则的制定者（ITF）对球拍长度作了不能超过 30 英寸（76.2 厘米）的限定：从 2000 年开始至今，最长的球拍是 29 英寸（73.66 厘米）。因此产生了两个很明确的问题：为什么花了 100 多年的时间才对网球拍的长度做出了规定？每一名运动员都有必要使用 29 英寸（73.66 厘米）长的球拍吗？

木制球拍非常重，增加几厘米的长度就会增加挥拍的难度。我们将球拍挥动的阻力称作挥拍重量或者是环绕球拍底托的惯性动量。球拍的挥拍重量越大，挥动的难度就会越大。随着合成材料的使用，球拍的重量逐渐减轻。随着球拍的设计和制造技术的进一步改进，球拍制造得更长、更结实，并且要容易控制和挥动（即有一个比较小的挥拍重量），因而对长度作一定的限制非常必要。

对于一般的业余运动员而言，球拍加长一或两厘米只有一点点优势，但对于高水平运动员而言，额外的一厘米也许就能决定比赛的胜负。对于发球时速达到193千米（120英里/小时）的高水平运动员而言，球拍加长一厘米就会增加发球的空间，一发的成功率就会增加5%（假定运动员可以利用额外的球拍长度来相应地增加击球的高度）。对于试图将球发向“发球线”（大力、低成功率的发球）的矮个子运动员而言，球拍加长一或两厘米就显得更为重要。因此有必要对球拍的长度做一定的限制。

对于所有的运动员而言，较长的球拍可以增加落地球的防守范围，这是非常有用的。这意味着在相同的挥拍速度下，较长的球拍要比短球拍获得更快的拍头速度，并且更易救回离身体更远的球。较长的球拍意味着对球的控制会下降，但没有关于此方面的网球文献报道。

然而，很多高水平运动员抱怨使用较长的球拍会降低对球的控制，因此他们仍然坚持使用27英寸（68.58厘米）的球拍。同时，也没有证据表明较长的球拍会对手臂、手和肩造成伤害，也许是因为还没有很好的控制实验来研究这个问题。

就像球拍可以很轻一样，球拍也可以很长。然而，29英寸（73.66厘米）长的规定使20世纪使用的球拍接近这一长度。与球拍没有一个最合适的重量一样，物理学和生物力学的规律也并没有表明球拍的最佳长度。较长的球拍既有一些优点也有一些缺点，每名运动员应试图找到适合自己的最佳长度。

人们常说“球拍就是手的延伸，是球员身体的一部分”，用一把好拍子无异于为自己添了只好手。所以，如果有条件的话，初学者从最初学握拍起就应该用一把好拍子，因为拍子越好，其与手的亲和力就越强，而这种亲和力有时几乎决定着初学者掌握技术和提高水平的速度。好拍子的另一个优点是可以对球员的身体起到一些保护作用，特别对于初学者而言，发力的不规范及动作的不尽合理会给身体特别是手臂造成

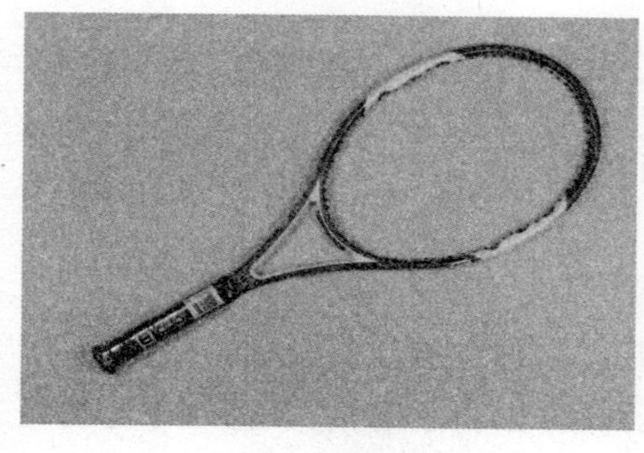

未绷线的专业网球拍

某种不适，而一把好拍子则可利用其良好的弹性及力的传导性形成明显的减震效果，从而把这种不适降到最低程度，避免手臂的劳损。

不符合下列要求的球拍不允许在比赛中使用：

（1）球拍的击球面应该是平坦的，由连接在球拍框上的拍弦组成统一规则，拍弦在交叉的地方应该是相互交织或相互结合的；拍弦所组成的式样应该大体一致，中央的密度特别不能小于其它区域的密度。球拍的设计和穿弦应使球拍正反两侧在击球时性质大体保持一致。

（2）拍线上不应有附属物或突出物，除非该附属物仅仅并且非常明确的是用来限制和防止拍弦磨损、撕拉或振动的，而且它的尺寸以及位置也必须是合理的。

（3）拍框包括拍柄都不能有附属物和装置，除非该附属物仅仅并且非常明确的是用来限制和防止球拍磨损、破裂、振动或是用来调整重量分布的，而且它的尺寸以及位置也必须是合理的。

拍线（拍弦）

不管你的拍框有多高的技术含量，或者你为之付出了多少钱，球所接触的只是拍线，而不是拍框。拍线的材料、质地基本上有两大类：昂贵的羊肠线和尼龙线或合成纤维线。

羊肠线弹性和柔韧性极佳，但对温度和湿度特别敏感且不耐磨、易断，主要为高水平的职业选手所用。尼龙线及合成纤维线，初学者及广大网球爱好者多选用这类线，其特点是比较耐磨也比较便宜，随着工艺水平的提高其性能越来越好，优质尼龙线的感觉甚至已可以和羊肠线媲美。其次是拍弦的粗细，一般来说拍弦标号越大则拍弦越细，17 号为最细，细弦易断但其对球的控制力好、弹性好、粗弦耐磨，但感觉比较策重、不敏感。

拍线的主要目的就是将来球的能量转换成拍线的形变，然后用拍线形变所储存的能量将球打回去。这个能量转换应尽可能快且有效，这样才能更好地控制球。拍线的另外一个目的就是给球施加旋转，它的有效性和准确性依赖于拍线的类型、张力和拍线之间的间隔。

拍弦的拉力即穿弦时的松紧度，以 LBS（磅数）表示。在拍弦穿得很紧（磅数很大）的情况下，弦线面的硬度比较大，可增强对球的控制力，在穿得松一些的情况下，可充分发挥其弦线的弹性，给球以更大的反弹力和推动力，增加球速，但控制球的难度也相应增加了一些。

拍子的拍体上一般都标有该拍子所能承受的拉力范围，在这个范围内，拍子的弹性及其他各种性能可以被最充分地发挥出来，拍体也不致加高磅数而受到损伤。

在此基础上，大拍面宜穿高一些的磅数，比如 70 磅、75 磅甚至更高，中拍面及普通拍面可适当降低磅数。上网型球员、力量较大的球员、运用旋转较多的球员应选择高一些的磅数，底线型、力量较弱的球员宜选用低一些的磅数。

除上述之外，在使用过程中，当拍弦的弹性有所下降或已磨损得很厉害时，应该注意及时更换拍弦，当拍弦被打断时更要把所有的经纬弦全部剪拆下来，以免因张力中均而使拍框变型。

球拍保养

球拍保养有四忌：

受压。铝或合成纤维球拍平置不容易变形，但若有重物压着它，就会导致变形弯曲，甚至产生裂痕。

曝晒。在烈日下曝晒过久，会使球拍膨胀、变形，容易断裂。

潮湿。手柄和网线对潮湿非常敏感。人的手汗分泌物含有复杂的成分，手柄皮套上的汗液如果不能得到及时清理，就会导致异味和霉烂，包缠手柄的吸汗布要经常洗涤、更换。

长期闲置。太长时间不使用球拍，网线就会因老化而失去弹性，易

网球拍

折易断。打完球后一定要擦拭干净，放在球拍套中，最好以悬挂方式放置。长期闲置的球拍手柄包皮是否清洁、球拍是否变形等。

## 减振器

减振器的安装要视个人手感的喜好而定，需注意的是其安装的部位，规则里明确指出此类东西必须装在弦线交叉的格式之外，也就是说横竖弦交错的地方是不可以安装减振器的。

## 吸汗带

吸汗带可以防止因手汗过多而造成的握拍打滑现象，也可以在拍柄较细的情况下起到增粗拍柄的作用。

## 鞋、袜

由于打网球时需要做许多次前后左右各个方向的急停、急起动、急变向，并且重心基本都在前脚掌上，鞋的相应部位也就最吃力，磨损最厉害，所以网球鞋充分照顾这一特点，不仅鞋底的纹路适于各种制动时与地面的磨擦，而且内垫必有很强的支持力且具备良好的弹性，这样才能够顺应足底的曲线来缓冲和吸收脚部的压力。网球袜只要吸汗、舒适就可以了。

男运动员的装束

# PART 5 竞赛规则

## 选择权

比赛开始前，双方用掷钱币或旋转球拍的方法来决定场区选择或发球权、接发球权。得胜者有权优先选择或要求对方选择。选择了发球或接发球者，则应让对方选择场区；选择了场地者，则应让对方选择发球或接发球。

## 发球规则

### 发球前的规定

发球员在发球前应先站在端线后、中点和边线的假定延长线之间的区域里，用手将球向空中任何方向抛起，在球接触地面以前，用球拍击球（仅能用一只手的运动员，可用球拍将球抛起）。球拍与球接触时，即算完成球的发送。

### 发球时的规定

发球员在整个发球动作中，不得通过行走或跑动改变原站的位置，两脚只准站在规定位置，不得触及其他区域。

## 发球员的位置

1. 每局开始，先从右区端线后发球，得或失一分后，应换到左区发球。

2. 发出的球应从网上越过，落到对角的对方发球区前的方格内，或其周围的线上。

发球动作

## 发球失误

未击中球；发出的球，在落地前触及固定物（球网、中心带和网边白布除外）；违反发球站位规定。发球员第一次发球失误后，应在原发位置上进行第二次发球。

## 发球无效

发球触网后，仍然落到我方发球区内；或对方接球员未作好接球准备。

## 交换发球

第一局比赛终了，接球员成为发球员，发球成为接球。以后每局终了，均依次互相交换，直至比赛结束。

# 通　则

## 交换场地

（1）双方应在每盘的第 1、3、5 等单数局结束后，以及每局结束双方局数之和为单数时，交换场地。

（2）在抢 7 分比赛中，双方分数相加每 6 分更换一次场地。

## 失分

发生下列任何一种情况，均判失分：

（1）在球第二次着地前，未能还击过网。

（2）还击的球触及对方场区界线以外的地面、固定物或其他物件。

（3）还击空中球失败。

（4）故意用球拍触球超过一次。

（5）运动员的身体、球拍，在发球期间触及球网。

（6）过网击球。

（7）抛拍击球。

（8）发球双失误。

（9）击球时人的身体触网。

## 压线球

落在线上的球都算界内球。

## 休息时间

（1）分与分之间，捡到球后直至发出，最大间隔 25 秒。

（2）单数局结束交换场地时可休息90秒。

（3）每盘结束可休息120秒。

（4）每盘的第一局结束后，交换场地时不能休息。

（5）在抢7分比赛中，双方分数相加6分，更换场地时不能休息。

压线球算界内球

# 双打规则

## 双打发球次序

每盘第一局开始时，由发球方决定由何人首先发球，对方则同样地在第二局开始时，决定由何人首先发球。第三局由第一局发球方的另一球员发球。第四局由第二局发球主的另一球员发球。以下各局均按此秩序发球。

双打发球

## 双打接球次序

先接球的一方，应在第一局开始时，决定何人先接发球，并在这盘单数局，继续先接发球。双方同样应在第二局开始时，决定何人接发球，并在这盘双数局继续先接发球。

他们的同伴应在每局中轮流接发球。

### 双打还击

接发球后，双方应轮流由其中任何一名队员还击。如运动员在其同队队员击球后，再以球拍触球，则判对方得分。

## 计分方法

### 胜一分

遇到下列情况时，判对方胜 1 分：

（1）发球员连续两次发球失误或脚误时。

（2）接球员在发来的球没有着地前用球拍击球，或球触及自己的身体及所穿戴的衣物时。

（3）在球第二次落地前未能还击过网时。

（4）还击球触及对方场区界线以外的地面、固定物或其他物件时。

（5）还击空中球失败时。

（6）在比赛中，击球员故意用球拍拖带或接住球，或故意用球拍触球超过一次时。

（7）“活球”期间运动员的身体、球拍（不论是否握在手中）或穿戴的其它物件触及球网、网柱、单打支柱、绳或钢丝绳、中心带、网边白布或对方场区以内的场地地面。

（8）还击尚未过网的空中球（过网击球）。

（9）除握在手中（不论单手或双手）的球拍外，运动员的身体或穿戴的物体触球。

（10）抛拍击球时。

（11）比赛进行中，运动员故意改变其球拍形状。

（12）对方发球或回球时出界。（注意：出界的判法为球的第一个落点是否过第二白线）

### 一局

（1）每胜 1 球得 1 分，先胜 4 分者胜 1 局。

（2）双方各得 3 分时为“平分”，平分后，净胜两分为胜 1 局。

### 一盘

（1）一方先胜 6 局为胜 1 盘。

（2）双方各胜 5 局时，一方净胜两局为胜 1 盘。

### 决胜局计分制

在每盘的局数为 6 平时，有以下两种计分制。

（1）长盘制：一方净胜两局为胜 1 盘。

（2）短盘制（抢七）：决胜盘除外，除非赛前另有规定，一般应按以下办法执行。

A. 先得 7 分者为胜该局及该盘（若分数为 6 平时，一方须净两分）。

B. 首先发球员发第 1 分球，对方发第 2、3 分球，然后轮流发两分球，直到比赛结束。

C. 第 1 分球在右区发，第 2 分球在左区发，第 3 分球在右区发。

D. 每 6 分球和决胜局结束都要交换场地。

### 短盘制的计分

（1）第 1 个球（0∶0），发球员 A 发 1 分球，1 分球之后换发球。

（2）第 2、3 个球（报 1∶0 或 0∶1，不报 15∶0 或 0∶15），由 B 发球，B 连发两分球后换发球，先从左区发球。

（3）第 4、5 个球（报 3∶0 或 1∶2、2∶1，不报 40∶0 或 15∶30，

30∶15），由 A 发球，A 连发两球后换发球后换发球，先从左区发球。

（4）第6、7个球（报3∶3或2∶4、4∶2或1∶5，5∶1或6∶0、0∶6），由 B 发 1 分球之后交换场地，若比赛未结束，B 继续发第 7 个球。

（5）比分打到5∶5、6∶6、7∶7、8∶8……时，需连胜两分才能决定谁为胜方。但在记分表上则统一写为7∶6。

（6）决胜局打完之后，双方队员交换场地。

## 赛　制

实行淘汰赛。一场比赛中，男子单打比赛除大满贯赛事和 ATP1000 大师系列赛决赛采用五盘三胜制以外，均使用三盘两胜制。女子比赛全部采用三盘两胜制。

## 网球奇怪的记分制

网球的记分制让人们奇怪不已。在中国，网球比赛曾用阿拉伯数字 0、1、3、4 代表各分球的得失，而所有的国际网球赛都系用英语单词 Love，以及数字 15、30、40 分别表示 0、1、2、3、4，这使人颇为费解。

0 为什么要用 Love（英文“爱”字）来代表呢？原来，这是根据法语“蛋”（l’oeuf）这个单词的发音而来的。法国人和中国人都把蛋比作零。网球运动最早在法国开展时，人们画一个椭圆表示一分未得。而网球传入英国后，英国人听到法国人用 l’oeuf（勒夫）这个发音来代表零，于是他们就在本国语言的词汇中寻找与 l’oeuf 发音接近的单词，后来 Love 就用来代表零了。

以 15 为计算单位也曾是一个谜。15、30、40 这三个数字绝不是由人们随意选用的。一位名叫琴·高斯林的人经过研究后认为，这三个数字一定是当时那些打网球的人所熟悉或使用的测算单位，是参照天文的六分仪而来的。

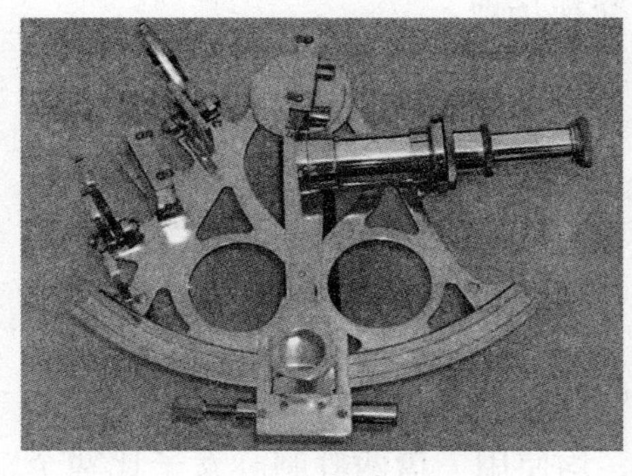

六分仪

六分仪与 1/6 个圆一样，共有 60 度，每分又分 60 秒。当时的网球赛每局就有 4 分，4 个 15 分为一度，和 4 个 15 度构成 1/6 个圆一样，采用 15 为基数以计算每一分球的得失。至于 45 改成 40，是为了报分发音的简便。早期的网球赛每盘为 4 局，每局有 4 分，17 世纪初改成了每盘 6 局，这个规则至今未变。

# PART 6 技术战术

## 握拍方式

### 东方式握拍和大陆式握拍

单手和双手反手通常会涉及到两种握拍放式：东方式握拍和大陆式握拍。东方式单手反手握拍是将持拍手的手掌与握柄大约成 40 度放在握柄上。东方式正手握拍运动员正手变反手时需要变换握拍方式，反之亦然。

大陆式握拍对于右手持拍运动员而言是将手掌放在握柄的右上面，左手持拍运动员则放在左上面。这种握拍方式通常在正反手击落地球和截击时使用，在激战中不需要变换握拍方式。同时也有许多观点认为比赛中没有足够的时间变换握拍方式。

研究已经表明运动员通过练习可以使变换握拍的速度快于单步移动，毕竟手的动作要比脚的动作快得多。另外也存在着一些运动员很难同时完成两项独立任务（上步时变换握拍）的情况。

每名运动员都应体会所有的握拍方法，并注意击球过程中拍面垂直于地面时手腕的位置。大陆式握拍的优势是拍面处于反手下旋球的准备姿势，但手腕的位置却不利于击出上旋球。对于今天的职业网球运动员而言，反手下旋回球远远少于平击球或上旋回球。对于中等水平和年长的网球爱好者而言，下旋回球更常见。

每名运动员都有适合自己的握拍方式

当球在右手持拍的运动员的左侧时，双手反手的运动员喜欢将左手放在右手上面，而对于左手持拍的运动员而言正好相反。但也有一些运动员正手击球和反手击球都使用双手。在极少的情况下，从正手击球转换成反手击球时不变换握拍方式，因而就像棒球运动员的手交叉击球结束动作一样，即当右手持拍运动员回击身体左侧球时左手放在右手下面。

一些左手持拍运动员也采用交叉手回击身体右侧球，人们也会看到手的位置相反的情况。总之，击球时，球拍的水平挥动和拍面的位置起主要作用。

## 单手反手与双手反手

“进攻型运动员”和“防守型运动员”在现代网球运动中已经被赋予了新的含义。在早些年，比赛中喜欢留在底线的运动员被认为是防守型、反击型或对抗型选手。抓住机会上网进攻的运动员通常被认为是进攻型选手。一个大的变化就是职业运动员的击球力量已足够大，在底线同样可以进攻。而进攻型和防守型运动员的老说法对于一般人而言仍然适用。

青少年运动员比赛中通常出现的一个问题是，他们经常以降低准确性为代价来获得更快的击球速度。因而，失误和直接得分的数量都有所增加。如今的青少年比赛的获胜者通常是将速度和减少失误很好地结合在一起的运动员。越来越多的喜欢“平击球”的运动员通常以增加上旋来达到目的。

在这个决策的过程中，新手应主要考虑三个理论。网前打法的职业运动员更喜欢使用单手反手击球，因为他们不需要使用双手击球就可以随球上网。桑普拉斯和拉夫特就利用上网技术赢得了美网公开赛的冠军。他们认为利用单手反手会有更多的选择且上网速度更快。职业和业余底线运动员喜欢有更多的时间来准备反手击球。对于职业和业余网球运动员而言，双手反手都是他们的主要选择。

单手反手运动员要明白在网前有时会被穿越，也要知道主要的目的是通过网前进攻赢得大多数分。业余的底线型运动员喜欢从底线进攻然后等待对手出现失误。

第三个要考虑的问题就是有些运动员在双手反手准备时的转体动作没有问题，而其他运动员喜欢更多地利用前臂击球。喜欢更多地利用前臂击球的运动员通常要花更长的时间来学双手反手技术。

## 引拍动作要领

### 引拍动作幅度宜小

引拍时，手腕向左右微微展开一点儿就足够了。引拍的动作幅度小，挥拍时就会自然形成由内而外的轨迹。引拍动作过大，挥拍动作易脱离正确轨迹。

如果引拍动作幅度小，挥拍时就会自然形成由内而外的理想轨迹。但是，引拍动作过大，则可能造成挥拍动作过大，形成由外向内的错误轨迹。原因在于，此时右脚会对挥拍动作有所妨碍，容易造成向远处大幅度的挥拍。这种不正确轨迹不仅可使挥拍动作迟缓，而且还导致击球点的范围变得极其狭窄，甚至致使在一个“点”上去击球。引拍到达身后即为动作过度（等于过度引拍）。

### 防止引拍动作过大

引拍超过身后，即为引拍过度。此情况下，想要用最短距离完成挥拍，右脚自然对动作有所妨碍，于是不得不向远处挥拍。

如何练习才能防止引拍过度呢？在隔网前，背靠隔网练习挥拍。如果引拍到达身体背后，自然碰到隔网。这样练习挥拍，自始至终引拍只能到达身体侧面。引拍一旦到达身后，即为引拍过度。固定手腕，完成引拍动作。

保持手腕部的角度，击球时手腕仍然保持这一姿势，握拍平击，“啪”地将球击出。击球扎实、有威力。

保持手腕部的角度，完成引拍后，顺势向前挥拍。于是，手腕部的效果自然显现，从而打出扎实、冲击力极强的球。

引拍时需要注意的是，一定要将手腕部固定完成引拍。“固定”的意思并不是说让腕部僵硬。它的意思是保持住手腕部的角度。然后，引拍时的动作应该像在脸前擦玻璃那样去做。

始终保持住腕关节的角度，用挡住来球那样的动作捕捉来球。手腕顺势自然用力就可打出强劲有力的球来。再则，这样做可令随挥动作更自然，幅度更大。

完成一记令人满意的击球，打网球会更有乐趣。因而，最初应把正手击球作为训练中唯一的重点来练习。没有必要花费同等时间在每一种击球练习上。如果感觉反手击球练习不够，则可尽量用正手击球去弥补。在正手击球能够连续打多个回合之后，可开始进行计分练习（比赛形式的练习）。只要正手能够打出令人满意的击球，那么一定可以因此在比赛中赢得胜利。

## 发球方法

学会了握拍和引拍后，再来看看发球。发球有平击发球、切削发球、上旋发球和美式旋转发球，每一种发球都有自己的特点和用途。好的发球具有相当大的攻击力，并使发出的球在速度、力量、旋转和落点方面都有变化。

### 平击发球

平击发球是发球中球速最快、极具威胁的发球法，俗称“炮弹式发球”。平击发球的特点是力量大、球速快、反弹低、威胁大。缺点是命中率比较低。身材高大的选手可以借助高点击球的空中优势直接进攻对方；但身材较矮小的或女选手就不宜使用平击发球。

发平击球时的击球点应在身体的右眼前上方，用球拍面中心平直地对准抛出的球，击打球的后中上部。挥拍时“鞭打”动作发力要集中，身体充分向上向前伸展，以获得最高击球点来提高发球命中率。

### 削击发球

削击发球是一种以右侧旋转（略带下旋）为主的发球法，这种发球实用且容易掌握，对初学者较适宜。削击发球的特点是球速快，威胁大，而且发球命中率高，因而被世界各国多数球员所采用。

平击发球

发球时把球抛到身体右侧斜上方，球拍快速从右侧中上方至左下方挥动，击中球的中部偏右侧，使球产生右侧旋转。发出的球向后旋转力较强，飞行弧线较高，易控制落点，球落地后在对方场地的角上跳动，使对方接发球困难。常用于第二次发球。

### 上旋发球

上旋发球是以上旋为主、侧旋为辅的发球法。特点是发力越大、旋转成分越多，且弧形越大，过网急坠越明显，命中率也越高。由于球的上旋成分多于削击发球，使球产生一个明显的从上向下的弧形飞行轨迹过网，落地后高反弹到对方的左侧，迫使对方离开站位去接发球，给对方造成很大压力，同时为发球上网带来足够的时间。

上旋发球瞬间

发上旋球时把球抛到头后偏左的位置，击球时身体尽量后仰成弓形，利用杠杆力量对球施加旋转，球拍快速从左向右上方挥动，从下向上擦击球的背面，并向右带出，使球产生右侧上旋。

美式旋转发球是一种急剧旋转的发球法，这种发球难度较大，需要身体腰部更大的弯曲和强力扭转的发球动作。发美式上旋球时，抛球位于头的后上方，击球部位在球的后上方，挥拍沿球中下部向左上部擦球，随挥动作在身体的右侧结束。美式旋转发球的飞行弧线大，弹跳高，并向对方的反手高处飞去，给回击造成一定的威胁。但这种发球难度大，稍有不慎极易扭伤，现已很少使用。

## 发球技术要领

### 抛球

准备动作稳定下来以后，顺势就是抛球及挥拍击球了。这两个环节能否配合得好是能否发好球的关键，而抛球的质量则又是关键中的关键。位置得当、出手平稳的抛球无异于为挥拍击球创造了稳定的条件，反之则无异于给下面一系列环节制造了一个动荡的外部环境。

很少有人能在前后左右飘忽不定的抛球之下发出保质保量的好球，初学者更是如此，所以学发球的第一步是先学抛球、先练抛球。

抛球的方法

在准备动作的基础上，持球手的肘部渐渐伸直并向下靠近持球手同侧的大腿，然后从腿侧自下而上将球抛起。在整个动作过程中，手臂保持伸直的状态，其走势与地面垂直，掌心向上，以拇指、食指、中指三指将球平稳托起，尽量避免勾指、甩手腕等多余的手部小动作，以免影响球的平稳走势，球在空中的旋转越少越好。

球脱手的最佳点在手掌走势的最高点，脱手过早容易造成球在空中旋转或晃动，出手过晚则会令球“走”向脑后失去控制。脱手时托球的三手指已最大程度地展开，球不是被“扔”到空中而是被“抛送”到空中去的，初学者应对此多做体验。

球在空中的位置

根据不同的需要，球出手后在空中相对于身体的前后位置也不尽相同。一般来说，第一发球强调出球的速度与攻击力，击球点较靠前，因此球也抛得较靠前。第二发球较为保守，在保证成功率的前提下强调球的旋转和控制球的落点，击球点也就相应后移，因此球自然要抛得靠后一些，基本上与背弓时身体的纵轴线相一致。

抛球的位置也可参照球落地后相对于前脚的位置来确定。一般来说，第一发球抛球后球应落于前脚前一个拍头的位置上。

抛球的高度

球抛到空中的高度当然不能低于击球点的高度，但究竟多高才合适呢？这个当然要视个人情况而定，因为此高度限定了挥拍击球所用的时间。

从准备姿势到抛球出手，身体重心还有个后靠至后脚再前移至前脚的过程，同时髋部前顶、腰背呈“背弓”状，然后反弹背弓并发力挥拍击球。

刚刚开始学发球的朋友肯定要面临总是抛不稳球的难题，没关系，“再抛一次”是最好的攻关办法。因为抛球的稳定性建立在一定的手感基础之上，所以一般在学发球动作之前最好能专门花一点时间练习抛球，在以后的实际发球练习中也要注意要领，如果偶尔没有抛好的话，接住重抛就是了，千万不要勉强发球出手，否则很容易破坏掉辛辛苦苦学来的动作。

网球抛球动作

### 挥拍击球

抛球与挥拍击球是同时开始进行的。挥拍击球看似简单，其实有很多学问。一则，挥拍击球必须和抛球的动作同时完成；二则，挥拍击球本身也分为好几个环节。

后摆球拍

以准备姿势为基础向持拍手一侧转身，同时持拍手引导球拍贴近身体像钟摆一样将球拍摆至体后（不一定要直臂后摆但掌心一定要朝向身体）。

背弓动作

球拍后摆至一定高度后（此高度因各人习惯而异，至少大臂不应紧夹在体侧），以肘为轴，小臂、手、拍头依次向体后、背部下吊，同时屈双膝并伴随身体后展呈弓状。

击球

在屈膝、背弓动作的基础上自下而上依次蹬直踝部、膝部，反弹背弓并向出球方转体，与此同时仍以肘为轴带动手、拍头摆向击球点，最后在力的爆发点上击中抛送于空中的球。发力是自下而上一气呵成的，其间的快慢由个人掌握，习惯、素质不同速度也就不一样，但共同的一点是：球拍走势最快、最具爆发力的一点应在到达击球点那一瞬间。击球点时身体已全部面向出球方，拍面自然地稍向内侧以便击于球的侧后部，发出侧上旋球或侧旋球。

### 搔背动作

挥拍击球时肘部有一个引导小臂、球拍下吊至背后再以肘部为轴带动臂、拍摆向击球点的过程。这一过程好像在用拍头给后背搔痒，故被称为“搔背动作”，其目的是为了持拍手能有一个足够的获得摆动速度的过程，为到达击球点一瞬间力的爆发做充分的准备。

搔背动作完成得是否到位关键要看搔背时手、臂是否得到了充分的放松，如果在手、臂十分僵硬的情况下完成此动作，那么到达击球点时球员一定会感到整个身体的弹性都已被破坏掉了，发不出力也就在情理之中。

### 击球点的位置

球员手持球拍在空中所能争取到的最高一点就是击球点。根据第一发球和第二发球的不同需要，击球点是相应要有前后变动的，但“力争高点”却是在选择击球点时最基本的原则。

搔背动作

有了“制高点”，不仅动作可以最大限度地、舒展地做出来，更重要的是在控制球路和球的落点以及对球施加压力上，高点击球有着显而易见的优势。

许多初学者希望自己发出的球个个威力无比，所以在击球时就不自觉地想将球大力强压过网，平击的成份无形中也便占了主导。但若想将球平击发过网并令其落在发球区内，那么击球点至少要达到 2. 74 米的高度，也就是说击球者的身高至少要达到 1. 80 米。

也许很多朋友可以具备如此的身高，但掺杂进技术的成份，这个高度就很难真正体现到发球当中去了。所以，发球者最好不要在发球时太过于苛求平击平打，多加些侧、上旋是比较明智的，因为这样可以让球走一个弧形轨迹，利用弧顶的高度达到过网的目的，再利用余下半段的弧线达到令球落入发球区的目的，这样可以大大提高发球的成功率。

随挥

击中球时虽然挥拍击球动作已告完成，但整个发球过程却仍在继续。到达击球点后球员应顺着身体及挥拍的惯性做收腹、转肩和收拍的动作，最终拍子由大臂带动收向持拍手的异侧体侧，结束发球动作。这一过程被称为随挥，即随球挥动，与底线击球的随挥异曲同工。

击球后潇洒随挥

很多初学者往往习惯于将拍子收于持拍手同侧的体侧，这不仅有违于发力、转体的惯性，更多的情况是击球者很容易将拍头敲在自己的小腿腔骨上，从而造成伤痛。非持拍手在送球脱手后不应立即放下或紧夹于体测，而应帮助身体掌握平衡并在随挥结束时接住已处于末势的球拍。

## 接发球的技术要领

发球与接发球一“矛”一“盾”是针锋相对的两项技术，二者对于球员赢得比赛具有同等重要的意义，球员不应该用厚此薄彼的态度对待发球与接发球，虽然前者在声势上比后者要霸道许多，而后者却没有什么讨价、发挥的余地。

接发球者在一定程度上必须接受发球员的支配，必须在瞬间之内精准、迅速、到位地把“判断”和“回击”这两个环节一气呵成，必须在夹缝中为自己争求到生存的机会。尽管如此，破发也不能光指望对方双误或在其他情况下偶尔的失误送分给你，你必须有主动破坏对方防线、阻止对方攻势的意识和办法。

### 判断

没有人可以预先知道对方将要把球发向哪里、发完球后又将有什么行动，球员水平越高发球时的隐蔽性就越好，所以接发球的判断基本上都是靠即时的反应。但事先的预测也并不是一点儿都不能做，其意义在于让自己心里更有数、接起球来更自信。接球员可从以下几方面着手做一些工作：

（1）观察发球员抛球时两脚的前后位置，有时候初学者抛球时两脚的连线几乎就指明了出球的方向，但这一点放在高水平选手身上就没有丝毫意义了，因为他们依靠转体及手腕动作的精妙变化可以随心所欲地将球送到自己理想中的位置，而初学者还达不到这样的程度。

（2）粗算一下自己在比赛中接发球失误的概率，聪明的发球员总是能够很快发现接球员都有哪些弱点、经常会在怎样的情况下失误并且盯住这些打个没完，而作为接球者则应有充分的思想准备。

（3）注意观察发球员的某些特殊习惯，比如站位贴近底线中点时发出的球多是斜线还是直线，站位靠于边线时经常会有哪些变化，在左区喜欢发什么线路的球，在右区又喜欢发什么线路的球等等，只要细心一点儿总不会是一无所获的。

即时反应的快慢很大程度上依赖于天赋。也许习球多年后自己会感到比初学时反应要快得多，但这种进步的程度根据每个人先天素质的不同是有差异也是有限度的，是熟悉了球性及掌握了击球技巧等诸多因素掺杂作用的结果。

所以，接球者最需要做的事情应是尽最大努力争取把在快速反应方面有限的潜能充分发挥出来，平时多加操练是最根本的途径，而需注意的具体事项多集中在准备动作上：准备时降低重心，上体前倾，重心落在前脚掌上，两脚保持动态的稳定，不能死钉在地，注意力保持高度集中（绝非肌肉的高度紧张），发球员球、拍相撞就等于发令枪响，两只脚应该在枪响的同时蹬地并转身后摆。其他提高反应速度的好办法是找机会多接些速度快的球以加强适应能力，可让练习伙伴站到场地内靠近发球线的地方将球发过来，这样就缩短了球的飞行距离从而相对加快了球的飞行速度。

### 回击

判断后的回击几乎是与判断同时进行的，因为球太快了。但“回击”这一环节的可塑性比“判断”要大得多，球员完全能够通过改进技术动作来提高回击球的质量。

接发球采用的是底线击落地球的动作，其特点是整个动作（特别是后摆）要做得更早、更小、更精、更快、更有力度，抢点击球的意识要更强，只有这样才谈得上下一步的控制球路、抑制对方的攻势从而扭转受支配的局面，变被动为主动。

如果球员在接发球时心发虚、手发软、步子往后退、动作做得又慢又粘又长，那肯定是没有好戏可唱的。技术上的细节及如何控制出球在此就不多言，参照底线击落地球的打法即可，最重要的仍是四个字早、小、精、快。

还要再提一点的是准备接发球时的站位。球员应根据发球员所站的位置来大略地调整自己的站位。一般情况下取位于单打边线附近、底线后半米至一米的地方就可以了如果偏离单打边线太远（太偏左站或太偏右站），那么就会给自己造成防守上的空虚。

球员必须全面考虑自己的正反手分别能照顾到多大的领地范围，把防守的压力大部分或全部交给正手或反手是不合适的，同时也不能站得离底线太远（太靠后）或站到场地里面去（除非有出色的胆识及过人的技术），这与底线击球的站位道理是一样的。

## 随球上网技术

随球上网技术是连接后场和网前的环节。所有情况下，我们都不能从底线很快来到网前，期间要通过一次以上的击球来过渡。这个过渡击球可以是：

（1）“传统的”随球上网击球，如正手或反手抽球。

（2）发球截击时上网截击（通常是低截击）。

（3）当对手回击一个高的防守球时采用带抽球动作的截击。

在各种场地上可以看到这三种随球上网技术的应用，但经过仔细研究后就会发现一些不同，而这些不同对于采用随球上网技术的运动员而言起着决定性的作用。

随球上网最重要的前提就是给对手施加的压力，可以通过速度、“滑动”、球的深度或这些方面的组合给对手施加压力。在面对这些压力时，底线型选手通常会尽力争取时间，结果通常失去平衡、控制和（或）力量。

教练员和运动员应当着重注意随球上网击球的质量。各种类型打法的许多运动员只注重回球的安全性或连贯性或仅仅是深度，但随球上网回球的质量主要是球弹跳后的质量，球弹跳如何将决定着对对手的“威胁”或“危害”程度。

今天的许多运动员都使用极端式握拍法，正反手都回击强烈的上旋球，尤其是正手击球。这种极端式（西方式）握拍的不利之处在于回球弹跳较高，使得对手可以直接从肩部高度向下击球穿越。拍面控制更多地意味着如何握拍。当然，拍面位置和握拍方式有着直接的关系。但是为了使随球上网回球更有效，手臂和腕关节的灵活性可以有效地控制球拍拍面朝球的飞行轨迹运动。

### 随球上网时机

网前打法型运动员无论在什么情况下都会试图采用随球上网技术。落在底线内一米的球，网前打法型运动员都会伺机随球上网。网前打法型运动员几乎每次发球后都会上网，并在发球线附近进行第一次截击。

另外，他们在接发球也会试图随球上网：接一发可能会上网，但主要是接二发时上网。在底线对峙中，网前打法型运动员会利用上网球或带抽球动作的截击。

喜欢大力击球的运动员通常不会上网。然而，由于大力击球给对手施加了许多压力，就有许多机会抓住对手防守型的回球上网得分。但通常情况下，击球就意味着直接得分或不太需要采用随上截击。

随球上网

全能型打法运动员来到网前就如回家一样，但并不如网前打法型运动员一样渴望来到网前。全能型运动员会等待恰当的时机接近或渐进来到网前，此类运动员的随球上网技术完全是一种组合技术，期望来到网前截击。

底线防守型运动员不喜欢上网，有时甚至在向前上步回击一个相对浅的球后会重新退回到底线，只有在意识到没有时间后退时才会待在网前。

### 随球上网位置

打法类型决定运动员喜欢从什么位置随球上网。对于随球上网的运动员而言，击球点非常关键。许多教练员都在强调球的弹跳，但我们建议应集中精力注意预期的击球点，然后决定是否上网。

球弹跳后也会发生不同的变化，由球的速度、旋转、入射角和场地来决定击球点的高度和离球网的距离共同决定了运动员从什么位置上网。

## 随球上网技术

在现代的网球运动中，我们经常会看到许多运动员随球上网回球时会使用他们最舒服的握拍方式。他们回球通常会更注重速度和适度的旋转。对于这种击球，腿蹬地也是非常重要的。

根据击球点的高度不同，人们看到运动员会跳起、跑动或站立击球。良好的平衡是关键因素，动态平衡（如向来球移动）对于快速上网是最佳的选择。在所有的步法中，转体和回转动作都非常重要。

回转身体通过后腿蹬地开始。躯干的侧向姿势使手臂在身体回转时可以自由向前挥动。拍面由低到高的挥动使球拍在水平面和垂直面都可以很好地加速。速度太快的随球上网回球将不利于运动员在网前找到很好的击球位置。另一方面，过多的旋转会有利于对手在高击球点穿越。

采用合适的握拍方式的运动员更易于打出平击球或传统的、非常有用的削球。运动员使用此击球方式时，腿仍需蹬地。侧向的站位和随球上网回球时施加旋转都非常有用。然而，此时拍面开始和击球点在一条线上或略高。拍面略微打开仅有几度，主要与击球前球的飞行轨迹有关。如果球拍在开始挥拍时就太高，会有一种“劈”球的感觉，从而就很难控制击球。

随球上网时，下旋回球比上旋回球的球拍速度要慢，球的弹跳也会更低。最好的随球上网回球就是让球产生滑动，使对手很难将球拍放到击球点下面。

随球上网截击和其他随球上网回球的使用机会大致相同。一个不同的特征就是回击对手的防守型回球时尽量向前靠近，这样可以缩短对手回到平分线的时间。一旦对手不能回到平分线，此时就有机会打乱他的步法，使他始终处于仓促防守的情况。

# 截击技术

随球上网回球后，运动员一般会使用截击或高压技术。截击是对付穿越球的技术。因而截击的定义就限定在“球在本方场地不落地”。网前运动员的一个主要目的就是利用截击直接得分。截击肩部高度的球或靠近球网的球时非常容易。但是，大多数对手不会给你“喂”这些类型的球。他们一般会回远离你且尽量低的球。击球目的有多少，截击的移动（技术）就有多少。

## 高截击

很明显，在开始学习打网球时会更多地注意高截击技术。这种截击通常的站位离球网不到6米（如在发球区）。离球网越近，截击的机会就越大。处理这种截击的角度的最大高度是肩部高度并尽量靠近球网。这种截击主要组成因素包括：

（1）提前准备。

（2）转动身体。

（3）后摆缩短。

（4）腿部蹬地。

（5）击球点在体前。

（6）随挥动作缩短。

（7）快速还原。

有效完成这一加速截击技术的关键就是能量链条系统的“连接部分”。据此，让我们来看一下由准备阶段是如何运行到击球阶段的。转髋、转体和球拍后摆的完成共同为腿部蹬地提供条件，腿部的动作将会加速躯干的线动量和角动量，髋部的角动量会加速肩部的转动，也就能

网球名将的高截击动作

很好地将能量“传递”到击球手臂上，最后手臂挥动完成击球。

根据球的实际高度和离身体的距离，手臂的某一部分可能会发挥主要作用。手臂的各个部分都应该参与到这个动作中，但是手腕一定不能放松。在回击较慢的穿越球时，后摆的幅度可以稍大；回击较快的穿越球时，后摆幅度要减小。尤其在紧急的情况下，运动员在调整技术的衔接以缩短时间时会遇到问题，这样通常会使截击缺乏控制、球速或兼而有之。在由低到高和由内向外的能量传递中，我们可以通过几种方法来发现不足之处：

第一，腿部蹬地时肩也在转动。这样髋只能获得线性能量传递，而几乎没有角能量传递。因此，运动员就必须通过手臂力量来弥补，从而就会对球失去控制、球速或兼而有之。

第二，运动员开始前挥时躯干也在转动：这会使拍头速度减慢，从而导致击球点靠后。

第三，高截击最好是将球回到对手发球线前，并将对手调到场外（通常回球不成功）。大角度截击通常会使对手场地漏出空当，应通过练习尽量在肩部高度击球。在练习时，大多数情况下是将球截击给对方，从练习的角度来说这是可以理解的。当然，大角度截击也不是要瞄着线来打！减少失误也是非常重要的，要保证“不太精准”的回球仍然落在界内。

## 低截击

低截击很难直接得分。一般情况下，运动员会通过一次过渡截击来保证第一次截击后安全地来到网前。实际上，这是一个第二次的随上截击回球，只是现在离球网更近了。最佳的随上截击回球就是将球回直线回深或回深到场地中间。

靠近网前低截击时可以利用网前拦截空中球或截击时轻吊。截击时轻吊（给球施加下旋）和网前拦截空中球（球几乎没有旋转）都可以打直线和斜线，这主要由对手的位置和穿越球的角度来决定。

低截击动作

## 截击挑高球

截击挑高球不太常见，尤其是在单打比赛中，只有双方运动员都在网前时才使用。通常在双打和单打比赛中，放出一个小球后，正在上网的运动员根据对手对小球的反应放出一个截击挑高球。

截击挑高球的主要特征就是回球的角度和力量。在单打比赛中，运动员可能必须给来球施加额外的速度。这一技术与其他特殊击球技术一样，都需要对拍头轨迹、速度和拍面角度有一定的敏感度。触觉较好的运动员会对力量以及击球后球“离开”球拍的角度有准确的意识。

挑高球作为一种特殊击球，包括防守性挑高球和进攻性挑高球。防守性挑高球主要是指运动员在得分机会不到30%情况下的击球。通常在对手将自己调到单打边线外侧然后调动到另一侧的情况下发生。因此防守性挑高球是在时间紧急情况下的一种反应。其主要战术目的就是为回位提供时间，然后迫使对手在后场打高压球。为了做到这些，这种挑高球通常会打向“高空”。

下旋、较高防守性的挑高球动作正手或反手削球动作相似。但是，由于需要将球打得非常高，拍面就需要打开更多且球拍向上挥动也较多。

如果来球非常快，那么后摆动作就应缩短。但是，在可能的情况下保证小的随挥动作也非常重要，这样通常可以将球打得更深。

对手在后场时的防守性挑高球在欧洲的红土场上比较常见，尤其是青少年的比赛。运动员通常采用这种击球来抵消对手的底线进攻，并调动对手到场地的边缘。

如果运动员没有完全伸展，可以给挑高球增加一点上旋，这样球在落地后就使对手远离进攻区域。由于在跑动中击球，因此需要很好的动态平衡，并且也需要掌握很好的击球时机，因为上旋挑高球只有较短的击球区。

上旋挑高球是经常作为进攻性击球的一种挑高球。因为上旋有助于球下落，这可以使运动员高高地击球过网，飞行较长的距离并落在界内。因此上旋球可以为运动员击球提供更大的失误空间。上旋挑高球的另外一个优点就是球的旋转方向与球落地后的飞行方向一致，这样球与场地的摩擦力就会很小，就不会和平击球或下旋球一样降低球速。挑高球有强烈的上旋时，球的实际速度很慢，球向前的速度在落地后会突然增加。

网前运动员扣杀上旋挑高球时，问题就出现了，因为球下落（高度变化）非常快，运动员就很难找到击球时机。上旋击球的下落轨迹是由于球上部旋转方向与空气流动的方向相反，而球下部的旋转方向与空气流动方向相同造成的。这样球上部的压力增加从而“推着”球向下运动。

上旋球需要拍面几乎接近垂直由低到高强烈地刷球的后部，因此很难掌握击球时机，以及难选择回击低或高的球。

### 半截击

运动员在打半截击时，其反应、对球的判断、做决策的能力不会和预想的那么一致。在理想的情况下，运动员宁愿朝来球的方向向前移动来打截击或朝远离球的方向移动以增加自己和球落点之间的距离，以便使击球更容易。

但是，有时候打一个半截击会比向前上步打一个截击更有效，因为向前上步截击拍面不好控制、且拍面打开过多会使球高高向上，这样对手就可以很容易打出穿越球。提前对来球做出反应也可以提高运动员识别战术形式，是容易、中等，还是较难。当打半截击时通常就可以认为是战术形式比较难。因此，半截击就可以认为是一种“紧急控制”情况下的一种击球。技能的传人部分就应当做相应的调整。在这样被动的情况下。

# 战术运用

网球同任何其他的对抗性项目一样，在赛场上没有绝对的优势技术或战术。换而言之，就是网球运动中所有的技战术都是互为制约的，胜负取决于临机处理的正确与否。

设计战术，并通过练习去体会和掌握，目的有二：其一，是让人在潜移默化中体味各项技战术之间如何制约；其二，是确保在做出正确选择后能够有效的实施。而这种选择的能力，或者说临机处理的能力，就要来自于一个人对网球竞赛本质的理解了。

## 失误的比赛

如果说一场网球比赛，就是一场失误的比赛，这句话听上去似乎让人难以理解，感到吃惊，甚至完全不能相信。但它确实反映了真相，道出了网球运动的实质。

统计数字表明，普通水平的选手，其85%的失分是自身失误造成的，而只有15%源于对手的主动得分。由此可见，避免或减少主动失误，几乎可以使你立于不败之地。同时说明迫使对手处于被动和诱使其冒险回球是取得比赛胜利的法宝。

这里所说的失误，大体上可以分为两种，即主动失误（无谓失误）和被动失误。前者是普通选手失分的主要原因，通常是由于错误地选择了技术动作和回球路线造成的；对于高水平选手而言，很少会出现低级的主动失误，而是往往因受制于对手速度、力量、落点及假动作的丰富变化而被动失误。这也是区别不同选手水平的重要标志。

网球比赛中的各种战术，其根本目的还是迫使对手失误，不过更高级一些，风险也随之加大。因此，除非你已经是一名优秀选手，否则就一定要从根本做起。当你逐渐减少那些无谓失误，并学会借助对手回球的力量时，你会发现自身的变化是惊人的。

## 减少失误的秘诀

想减少失误，首先是要将球回过网。当你和对手都在底线时，回球高度应在网上 0.9 至 1.5 米，以避免回球下网造成失误，这样做的另一项好处是确保了回球的深度。

有深度的回球当然会给对手带来麻烦，但它同时也增加了自身的风险，即使是顶尖的职业选手也十分清楚，试图将球回到线上是非常危险的。因此，回击球的目标应设在场内而不是底线，为自己留有余地，减少片面追求回深球而出现的失误。可以在距底线和边线 15 米处划上标记，来作为回底线球的安全线。

受到对手来球牵制而处于被动时，应以较高的弧线球回到对方场地深处，这样就为你回位准备下一次击球赢得了时间。这一点很重要，因为它是你由被动转化为主动的唯一途径。千万不要试图在被动中一下子打出精彩绝伦的回球得分，那样做太危险了。你可能会赢得一次精彩，但更多的是出现失误而丢掉比赛。

每一回合开始的时候，回斜线深球或中场直线深球，不仅可以减少自己出现失误的机率，同时还会使对手处于被动。集中注意力，预先判断来球方位，提早准备并调整与球的位置关系，可以提高回球的稳定性。

通常情况下，沿来球路线回击要比变向回球安全得多。如回正手位的斜线球，最安全的方式是还回斜线。只有当你处于极佳的进攻位置，同时又有把握控制来球时，才可以尝试改变回球方向。

## 量身定做打法类型

如果说提高成功率是比赛制胜的第一原则，那么你需要做的第二点就是根据自身特点与对手的优缺点来制定训练方案。对对手一无所知的比赛是危险的，要根据不同对手的情况预先制定比赛计划。想做到知己知彼，你首先要做的是确定自己的战术类型。不同的网球选手按照技术风格被分为四种类型，分别是全场防守型、底线进攻型、技术全能型和发球上网型。认真对照一下，了解自己是哪类球员。

### 全场防守型球员

通常是底线防守型球员。在比赛中无论对手怎样进攻他们都不言败。他们的击球的位置离底线较远，善于处理落地球，技术发挥稳定，具备良好的体能和心理素质，特别善于在慢速场地上进行比赛。华裔球星张德培是这一类选手中的代表人物。

### 底线进行型球员

善于靠近底线提前击球，他们击出的底线球势大力沉，多以正手进攻为杀手锏，战术上总是力求在底线侧身攻得分。这类球员适宜在任何场地比赛，慢速场地上的表现更为杰出，其代表人物是家喻户晓的阿加西和塞莱斯。

### 技术全能型球员

善于使用各项技战术，没有明显的缺点，回球的速度和落点多变，能很好的控制场上节奏，在各种场地均有上佳表现。桑普拉斯是这一类型球员的典范。

### 发球上网型球员

身高臂长，行动敏捷，关节灵活性及韧度非常好。他们都具备良好的发球技术，发球速度快，落点刁钻，一发威胁极大，二发稳定。善于结合使用发球上网截击和随球上网截击两种球技术，判断准确，行动果决。这类选手通常在快速场上比慢速场地有更优异的发挥，其代表人物有萨芬、亨曼、贝克尔等。

网球比赛的每一个回击合都从底线开始，因此掌握底线战术的重要性就不言而喻了。在发球与接发球后，大多数情况下要继续在底线对攻，即使是那些上网高手，也要先在底线创造机会。在底线打回合球，主要依靠过网高度和落点提高回球的稳定性，并向对手的后场施压，为实现这一目标还要不断调节击球高度和旋转。

通常这会使对手先于你失误或回球变软，给你发动进攻打下基础。稳定与凶狠永远是一对矛盾，偏于哪一方都难以赢得比赛，只有找到它们的最佳契合点才能提高胜率。为此我们建议你多打斜线球，因为在矩形的场地中斜线距离要长于直线，这能够有效减少你的回球失误率，并能迫使对手回出浅球。有一些战术会安排你打直线球，那并不有悖于斜线策略，这能从其要求回中场深球得到很好的解释。

## 单打战术

在网球运动中，单打比赛要求选手具有独立作战的能力，头脑冷静，适应能力强，既能控制球路，不轻易失球，又能大力抽击，积极主动进攻。单打战术运用要根据自己的战术特点，灵活多变地把各种战术有机地结合起来运用。只有在合理的战术上发挥应有的技术，步步为营，稳扎稳打，才能牢牢地控制局面，取得比赛的胜利。

底线型打法是以底线正、反手抽击球为基础组织的战术。它是用速度、旋转和落点的变化来创造进攻机会的。

底线型打法的主要战术有：对攻、拉攻、侧身攻、紧逼攻、防反攻等。

### 对攻战术

（1）以正、反手强有力的抽击球，连续攻击对方一点，突然变线攻击其另一点。

（2）利用正、反手抽击球的速度和力量的优势，攻击对方的弱点。

（3）利用正、反手的有力击球，不断变换击球路线，调动对方，使其大角度跑动，同时寻找进攻得分机会。

（4）打大角度的球，调动对方两边跑动时，突然连续打重复球，再突然加变线。

### 拉攻战术

拉攻战术是底线型打法中比较常用的一种战术。它是以底线正、反手拉出上旋球，或正手拉上旋球，反手切削球，调动对方左右跑动，抓住战机，出奇制胜。

（1）拉上旋球到对方反手深区，再伺机突击对方的正手。

（2）用正、反手拉上旋球到对方底线两边大角深处，压住对方，不给对方上网及底线起拍的机会，再寻找机会进行突击。

（3）在正、反手拉上旋球时，同时加拉正、反手小斜角，加长对手跑动距离，并使对手打出质量较差的回球，然后伺机进攻。

### 侧身攻战术

侧身攻战术是底线型打法中的一项主要进攻手段。它是利用正手强而有力的抽击球和良好的判断及快速步法来移动，在三分之二的场地上，再用正手有力地攻击对方。

（1）连续用正手逼攻对方反手，再突击变线，突击对方正手。

（2）连续用正手攻击对方，创造得分机会。

（3）用正手攻击对方时，连续打出重复球。

（4）用正手进攻，调动对方移动，再利用反手控制落点，伺机用正手突击进攻。

### 紧逼战术

底线型打法的紧逼战术是利用底线快节奏的正、反手抽击球，迎击上升球，控制准确的落点，节节紧逼地进攻对方。这是当今世界网坛优秀选手常用的一种攻击对方的战术。

（1）紧逼对方两边，使对方被动和回球出现错误，再伺机上网。

（2）连续紧逼对方反手，再突然攻击对方正手，待机上网。

（3）接发球时就紧逼对方向前进攻，使对方发完球后来不及准备，从而产生紧张的心理压力。

### 防守反击战术

防守反击战术在底线型打法中占有很重要的位置。它是以判断反应快、步法灵活、体力充沛、击球准确的特点和底线控制球能力强的优势，来调动对方，以达到在防守中伺机反击的目的。

（1）在对方运用随球上网进攻时，加强底线破网第一拍的成功率和突击性，提高破网球的质量，伺机第二次破网反击。

（2）在对方运用发球上网战术进攻时，接发球采用迎上借力接球，把球快速打到对方脚下或两边小角，然后再将第二拍准备反击破网。

（3）当对方进行底线紧逼攻战术时，利用底线正、反手拉上旋球至对方底线两边大角深处，不给对方进攻得分机会，然后再伺机进行反击。

## 双打战术

网球双打是一门需要默契的功课，很多大牌球星单打厉害，但碰到双打却“束手无措”。看看下面这些网球双打战术精髓，为自己拿下几局网球双打的必胜口诀。

双打较不重体力，因此打出质感佳的球去破坏对方移位、防守与默契是不二法门，所谓质感佳是指打去的球能使对手迷惑不知由谁处理的球，这种球视对方位置而定。遇到比自己弱者最忌轻敌；遇到旗鼓相当者一定要相信自己才是最强的；遇到比自己强的对手，既然有心理准备，打球更应用心企图求胜，勿躁进多与对手缠斗，从中找出对手不稳之处，最怕自己乱了阵脚，而疲于奔命之下忽略对手破绽，而失去攻击时机。

## 网前 - 底线型

业余选手大多采用此类型，发球后双方采用斜线对攻，有机会时网前搭档抢网得分。参照“网前 - 网底型打法”示意图，了解一下这种组合。

发球者：通过发球为搭档创造得分机会，同时要负责底线球，可打斜线、直线和进攻性挑高球。

接发球者：首先选择回斜线球，避免对方网前搭档抢网，其次选择打直线或挑高球，打乱对方的进攻。

发球者搭档：根据发球落点，适时调整网前位置，盯住接球方，判断回球方向，及时上前抢网，可选择打接发球搭档的脚下或小斜线直接得分。

接发球搭档：首先要提防发球者的直线和挑高球，同时要提防发球者搭档的抢网球，根据来球不断调整网前位置。

## 双底线型

女子职业选手和业余选手均采用此类型。当发球方发球速度快且角度刁钻时，接发球方全部退到底线防守，以破坏发球方的进攻，而发球方则发球后上网进攻，争取在网前得分。

发球者：首要选择是发出刁钻的一发后上网，在发球线处截击将球推到接发球方的底线深部，待接发球方回球时跟进到网前，在网前打出直接得分球。

接发球者：首先选择回斜线球，打到发球者的脚下，使其截击困难，择机出其不意打出直线穿越球或挑高球。

发球者搭档：根据发球落点，适时调整网前位置，盯住接球方，判断回球方向，及时上前抢网，同时注意防守双打

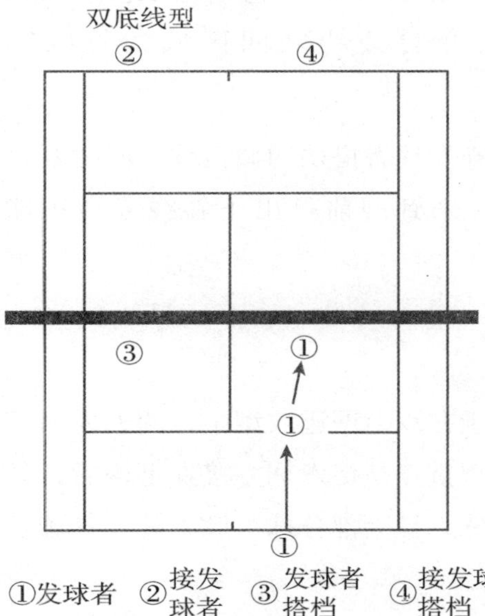


双底线型战术

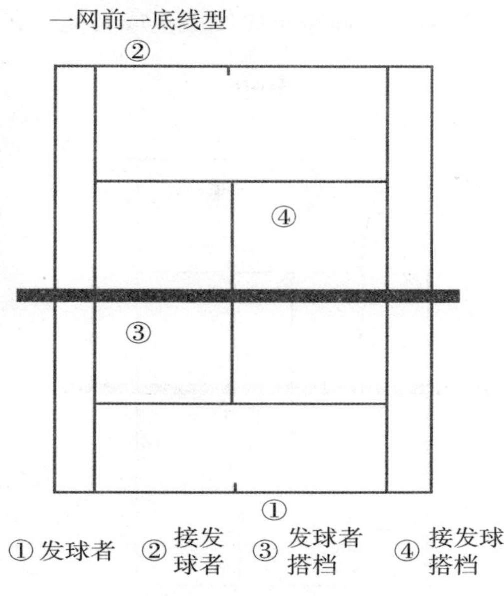


网前－网底型打法

边线和单打边线之间区域的直线穿越球。

接发球搭档：退到底线防守发球者搭档的截击球，同时要提防发球方第一次截击球，根据不同方向的来球，打出中路穿越球或挑高球。

## 双上网进攻型

男女职业选手均采用此类型，这也是近年来职业网球双打比赛中采用最多的战术。发球方发球后上网，接发球方也采用积极的进攻型接发球上网，双方四人均

来到网前，通过小斜线截击或其他方式得分。

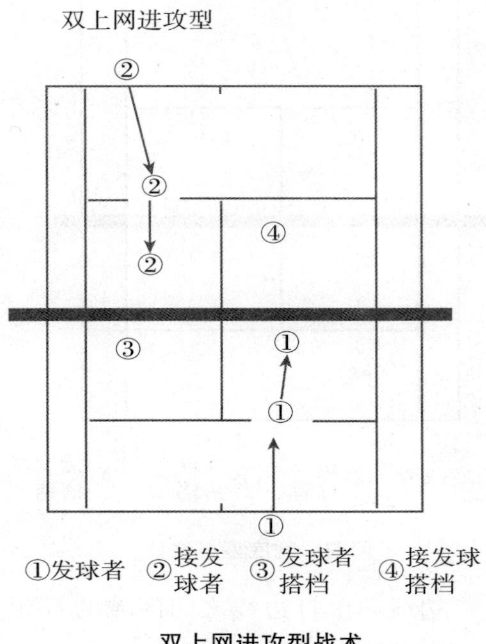


双上网进攻型战术

发球者：发出刁钻的一发后上网，在发球线处截击将球打到接发球方脚下，待接发球方回球时跟进到网前，在网前打出直接得分球。

接发球者：选择进攻型的接发球，回到发球者脚下，同时迅速上网，在发球线处截击把球打到对方中间结合部，再来到网前，找机会打出得分球。

发球者搭档：根据发球落点，适时调整网前位置，盯住接球方，判断回球方向，及时上前抢网，同时注意防守双打边线和单打边线之间区域的直线穿越球。

接发球搭档：在发球线附近，防守发球者搭档的截击球，同时要提防发球方第一次截击球，根据来球，来到网前打出小斜线或高压球得分。

### 双上网防守型

男子职业选手均采用此类型。由于在双上网进攻型中，两人太靠近球网，无法照顾到挑高球，因此该类型重点是接发球方接发上网后，只来到发球线附近，防守发球方的挑高球，且大部分球由此人处理，接发球搭档则伺机打出截击或高压球得分。

发球者：发出刁钻的一发后上网，在发球线处截击将球打到接发球方脚下，待接发球方回球时跟进到网前，在网前打出直接得分球。

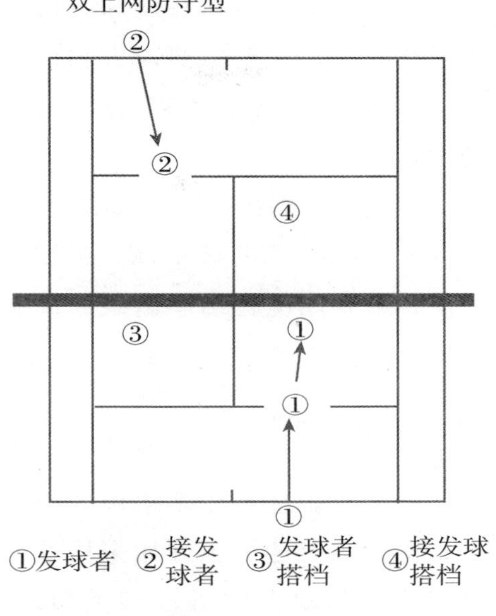


双上网防守型战术

接发球者：选择进攻型的接发球，回到发球者脚下，同时迅速上网，在发球线处截击，并把球打到对方中间结合部，同时防守对方打出的挑高球，把得分机会让给网前搭档。

发球者搭档：根据发球落点，适时调整网前位置，盯住接球方，判断回球方向，及时上前抢网，同时注意防守双打边线和单打边线之间区域的直线穿越球。

接发球搭档：在发球线附近，防守发球者搭档的截击球，同时要提防发球方第一次截击球，根据来球，来到网前打出小斜线或高压球得分。

### 澳大利亚型

男子职业选手常常采用此类型以改变比赛节奏和弥补某些技术缺陷。此类型与双上网防守型类似，其主要变化是发球者和发球者搭档的站位，发球者一般站在底线发球中线处，而发球者搭档则站在同侧网前，接发球方无法斜线回球，只能回到直线或挑高球，发球后双方四人也来到网前，通过小斜线截击或其他方式得分。

发球者：发出刁钻的一发后上网，来到搭档一侧的发球线处截击将球直线打到接发球方脚下，待接发球方回球时跟进到网前，在网前打出直接得分球。

接发球者：选择进攻型的接发球，直线回到发球者脚下，同时迅速上网，或者打出斜线挑高球，来到发球线处截击把球打到对方中间结合部，再来到网球，找机会打出得分球。

发球者搭档：站在发球者同侧发球线上，主要负责对方斜线穿越球或挑高球，有机会上前抢网。

接发球搭档：在发球线附近，防守发球者搭档的截击球，根据来球，来到网前打出小斜线或高压球得分。

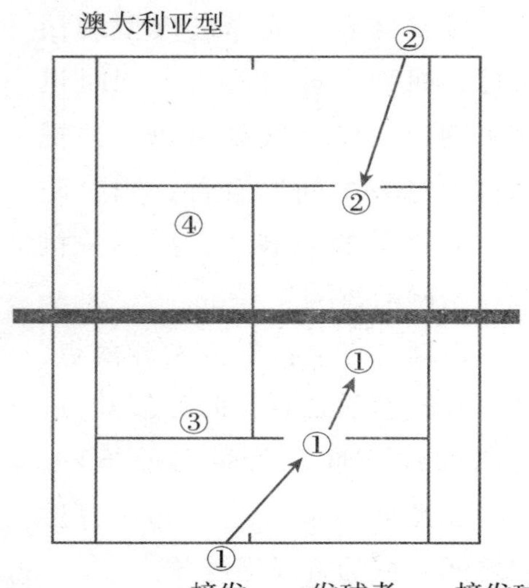


澳大利亚型战术

## I 型战术

男子职业选手较多采用此类型，女子职业选手也开始采用这种战术。与双上网进攻型类似，只是发球者搭档蹲在网前发球中线处，使接发球方很难判断其抢网方向。发球后上网，接发球方也采用积极的进攻型接发球上网，双方四人均来到网前，通过小斜线截击或其他方式得分。

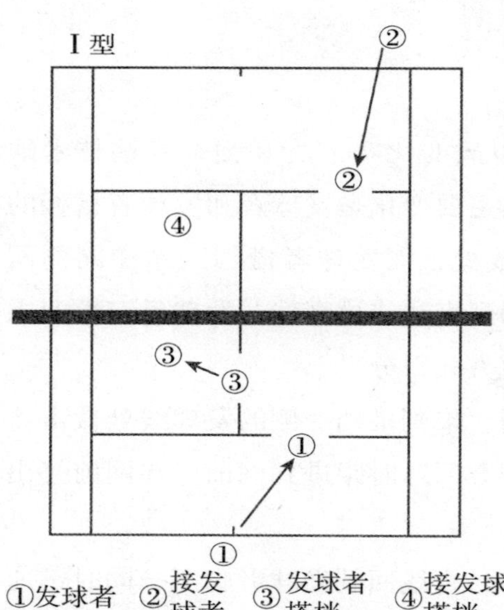


I 型战术示意图

发球者：发出刁钻的一发后上网，在发球线处截击将球打到接发球方脚下，待接发球方回球时跟进到网前，在网前打出直接得分球。

接发球者：选择进攻型的接发球，回到发球者脚下，同时迅速上网，在发球线处截击把球打到对方中间结合部，再来到网前，找机会打出得分球。

发球者搭档：蹲在网前发球中线上，盯住接球方，判断回球方向，迅速上前抢网，如没有抢到时，则回到同伴另一侧网前，伺机打出网前截击或高压球得分。

接发球搭档：在发球线附近，防守发球者搭档的抢网球，同时要提防发球方第一次截击球，根据来球，来到网前打出小斜线或高压球得分。

## 身体素质训练

现代网球运动对身体素质的要求越来越高，练习者要掌握全面的技战术，就必须具有良好的、全面的身体素质。因此，要想提高网球技战术就必须加强身体素质训练，并达到较高的训练水平，这样才能真正打好网球。

网球比赛不仅是技、战术的比赛，也是力量、速度、耐力、柔韧和灵敏的比赛。网球比赛是由许多个短时间的剧烈运动和休息组成的运动，比赛时间的长短从 1 小时到 3、4 个小时不等，尽管场地不算大，但球速很快，球员必须要快速移动，才能击出有爆发力和良好控制的球。没有好的身体素质作保证，很难发挥高超的技、战术水平，因此必须进行全面的身体素质训练。

根据网球运动对球员身体素质的要求，要想打好网球，必须具备充沛的体力，以及全面而协调的各项身体素质和专项身体素质。下面提供一些身体素质的练习方法供练习者使用。

### 力量素质训练

力量素质是指人的机体或机体的某一部分肌肉收缩和舒张时克服内

外阻力的能力。力量素质对人体运动有极大影响，是人体运动的基本素质。网球运动大多数动作并没有特别显著的肌肉紧张状态，但绝不能说明网球运动不需要发展力量。

网球运动特别要注意增强手臂与肩部的肌肉力量，增强腰部和腿部的肌肉力量，增加这些部位肌肉组织内肌纤维群的数目、肌肉纤维的长度和围度，使这些部位肌肉组织增长及增粗。

### 速度素质训练

速度素质是指人体或人体某部位快速运动的能力，也就是人体或人体某一部位快速作出运动反应、快速完成动作、快速移动的能力。网球运动中速度可分为反应速度和移动速度。它的反应速度不像短跑起程中听声的反应速度，而是与视觉、判断有关的反应速度。因此在训练时，可给一些与视觉和判断有关的信号，让练习者按信号作出快速反应的奔跑。

### 耐力素质训练

耐力素质是指人体长时间进行工作或运动中克服疲劳的能力。耐力素质是人体身体素质的重要组成部分之一，任何体育运动项目都必须具备相应的耐力素质水平。一场长时间硬拼的网球赛，必须有良好的体力，这要求你有一个坚强的心血管系统，它们将会增进你吸取和使用有效的氧气，供给身体各器官的营养和能量。

耐力素质最佳训练方式是跑步和游泳。网球比赛中的跑步以及其他移动动作，不是长时间的周期性运动，而是时而迅速、时而缓慢的运动。因此在以跑步作为耐力训练时，要求是在不断变化动作速度的情况下进行。

### 柔韧素质训练

柔韧素质是指人体关节活动幅度的大小以及关节的韧带、肌肉、皮肤及其他组织的弹性和伸展能力。网球技术动作的完成与肌肉韧带的拉长、关节活动范围的增大有很大关系。

练习者应该经常拉伸的部位有：大腿韧带、小腿后群肌、大腿股四头肌、肩部以及背部肌群。每次拉伸上述各部位，都要持续 15 至 30 秒，然后放松，再重复，并力争在第二次练习时增加拉伸的幅度。

### 灵敏素质训练

灵敏素质是指人体在各种突然变换的条件下，迅速改变体位、转换动作和随机应变的能力。它是人的运动技能、神经反应和身体素质在运动中的综合表现，是一种较为复杂的素质。网球运动的比赛，要求球员在瞬息万变的情况下，快速而果断地做出准确判断下，并采用相应动作来完成。因此要求球员具备良好的灵敏素质。

# PART 7 项目术语（中英对照）

## A

**Ace（爱司球）**

一个接发球方球员碰不到的优质发球，称 Ace（爱司球）。

**Ad court（第二发球区）**

每边球员左半边的球场，因为 Advantage（占先）分总是在左侧场区进行发球，故有此一说。中文直译为左半区，一般称第二发球区、左手区或反手拍区。

**Advantage（占先）**

一位球员在 Deuce（平分）后再得一分，称 Advantage（占先）。在这种情况下，这位球员只要再拿下一分，即可赢得该局。

**Alley（爱丽）**

网球场上介于单打边线和双打边线中间的长条状区域，称 Alley（爱丽）。

**Approach shot（近底线球）**

非常接近底线，但是没有越出界的球，称 Approach shot（近底线球）。

### ATP（国际职业网球联合会）

ATP 是 Association of Tennis Professionals 的英文缩写，中文全称为国际职业网球联合会，是男子的职业网球联合会。

## B

### Backcourt（后场）

Backcourt（后场）是球场中发球线与底线之间的区域，英文又称 No – Man's Land。

### Backhand（反手拍、反拍）

Backhand（反手拍、反拍）是一种以主要持拍手臂的背面来面向球的来向、跨过身体地挥动以击球的挥拍方法。对于右撇子而言是指左手边，对于左撇子而言则指右手边。

### Backspin（下旋、倒旋）

球的底部向前旋转的旋转方式，造成球往上浮且落地后弹跳得较低。

### Backswing（拉拍）

击球前的将拍子向后拉，扭腰扩胸转肩的预备动作。

### Bagel（贝果）

以 6:0 的比数赢下该盘。double bagel 为以 6:0，6:0 的比数赢下该场比赛。

**Ball Boy**（球童）

为当每一分打完时，在球场上负责捡球的男性或女性。在 ATP 赛事中，球童通常由青少年担任。

网球场上的球童一般由青少年担任

**Baseline**（底线）

在球场最远的两端的用以界定比赛球场范围的白线。

**Baseliner**（底线型球员）

比赛中在底线（Baseline）附近击落地球（Groundstroke）、依靠其击落地球（Groundstroke）的品质来赢球的球员。

**Best of five**（五盘三胜制）

比赛最多打五盘，先赢三盘者获胜。

**Best of three**（三盘两胜制）

比赛最多打三盘，先赢两盘者获胜。

**Big serve**（大力发球）

一个强而有力的发球，通常使得发球方在这一分中占有优势。

**Block**（挡）

一种击球前挥拍动作不大的防御性击球方式，通常是在回发球时。

**Break**（破发球局、破发）

接发球方球员破了发球方球员的发球局而赢下该局。

**Break point（破发点）**

再赢一分即可破发的状况。

**Bye（第一轮轮空）**

该位球员不需要打第一轮，直接优惠晋级至第二轮。在部分赛事的赛制设计上会给予种子球员此优惠；或是由于参赛人数不足等原因而给予部分球员此优惠。

## C

**Center line（中线）**

在球场中间，垂直于网子、用来界定发球有效区域的直线。

**Closed stance（封闭性击球姿势）**

击球时，身体正前方之方向介于平行于底线与背对于对手之间，为传统击球技法。

**Chip（切球、削球）**

一种带着下旋（underspin）地挡（block）一球的击球方法。

**Chip and charge**

为一种积极进攻的战略，回发球时带着下旋（underspin）然后上网。

**Chop（切球、削球）**

带着强烈下旋（underspin）的一球。

**Counterpuncher（防御型底线型球员）**

防御型的底线型（baseliner）球员，即以防守见长的球员。

**Court（球场）**

设计用来打网球的区域。

**Crosscourt（斜切）**

将球打进对手球场的斜对方。

## D

**Deep（深）**

球的落点很接近底线（baseline），是落点很接近网子的反义。

**Deuce（平分）**

在一局中，比分40:40的情况。此时任何一方球员都必须连续赢两分才可赢得该局。

**Deuce court（右半场）**

每边球员右半边的球场。

**Dink（吊球）**

脚步没有任何移动地击一球。

**Dink shot（丁克球）**

一种很接近网子缓慢地下降的击球，通常用在双打，特别是回球与发球。

**Dirtballer（红土上的球员）**

擅长在红土球场上打球的球员。

**Double Fault（双发失误、双误）**

在一分之中连续两次发球失误（fault），导致球员因此输掉该分。

**Doubles（双打）**

由四位球员一起打球的网球比赛，球场的每边各有两名球员。

**Down the line（直线行进）**

击一球并使之笔直地前进而进入对手的球场。

**Drop shot（过网急坠球、放小球）**

击球的力道很轻、使之刚好通过网子上方即坠下来的一球。目的是使位置离网子很远的球员防备不及。

**Drop volley（截击过网急坠球）**

由截击（volley）所击出的过网急坠球（drop shot）。

## F

**Fault（发球失误）**

发球时，球没有落进正确的区域，因此这一分不会开始打。

**First Service（第一发球）**

在一分开始时，发球方球员所拥有的两次发球机会中的第一次发球机会。

**Flat/Flat Strike（平击）**

平击，自旋度极低的击球方式，例如：平击发球（a flat serve）。

**Follow through（随挥、随球动作）**

击到球之后的挥拍动作。

**Foot fault（脚误、脚部失误、踩线犯规）**

发球方球员发球时，在球拍触到球之前，因为脚踩进球场或跨过中心标（the center hash mask）的假想延伸线而导致该次发球失误。

**Forehand（正手拍、正拍）**

一种以主要持拍手臂的正面面向球的来向、由身体后方向前挥击的挥拍方法。对于右撇子而言是指右手边，对于左撇子而言则指左手边。

## G

**Game point（局点）**

局点指再赢得一分即可赢得该局的情况。

**Golden set（黄金一盘）**

没有输掉任何一分地赢下该盘。

**Golden Slam（金满贯）**

在一年之中，完成大满贯且赢得奥林匹克运动会中网球项目的金牌。

**Grand Slam（大满贯）**

大满贯指一年里四个最著名的赛事，即澳大利亚网球公开赛、法国网球公开赛（又称罗兰·加洛斯）、温布尔顿网球锦标赛、美国网球公开赛。完成大满贯是指在一年之中这四个赛事全部赢下。

**Groundies/Groundstroke（击落地球）**

在球于球场上弹跳一次后的正拍（forehand）或反拍（backhand）击球。

## H

**Hail Mary（万福玛利亚）**

一个极高的高吊球（lob），目的是防守。

**Head（拍头）**

球拍包含线的部分。

**Hold（保住发球局、保发）**

发球方球员赢下该局。

## I

### I - formation（一字形阵势）

双打中，在一分开始打之前，发球方球员和其搭挡站在球场同一边（deuce - court 或 ad - court）的一种站位法。

### Inside - out（内外战术）

跑到球场的一边（例如：反手拍那边）然后击出斜切（crosscourt）球。

### Inside - in（从内往内打）

跑到球场的一边然后击出直线行进（down the line）的球。其使用频率次于 inside - out。

## J

### Jamming（近身球）

发球或回击球时，将球笔直地打向对手的身体。

## K

**Kick serve（上旋发球）**

一种带着旋转、落地之后弹跳很高的发球。

## L

**Lawn Tennis（草地网球）**

在草地球场进行的网球。

**Let（触网）**

发球时，球触到网子之后落进对手球场中的有效区域。此时这分不算重打。

**Line Judge（线审）**

专门负责监视球行经球场边界线情况并宣判这一球是出界或界内的人，不受球员的驳回。线审必须服从主审（umpire）的判决，即使其与线审自己的判断不同。

**Lob（高吊球）**

一种过网高度极高的球。目的是使球飞越过网前对手的头顶而保证得分，对付发球上网型球员（serve & volleyer）的利器。

**Longgame（加长赛）**

当该盘比分来到6:6，不实行抢七（tie break），而是继续比赛至其中一方赢对方两局为止，称这种赛制为long game。通常是在五盘三胜制（Best of five）的第五盘实行。

**Lucky loser（幸运的输球者）**

虽然输球但却幸运地仍可继续参赛的球员。通常发生的情况是：在主赛事第一轮开打前，有球员临时退赛，因此资格赛最后一轮输球的球员有机会虽然输球却仍能递补进去而获得主赛事的参赛资格，而成为幸运的输球者（lucky loser）。

**Love（零分）**

网球比赛专用术语，只比分为零。

**Love game（零分局）**

没有让对手拿到任何一分就赢下的一局。

## M

**Match point（赛末点、赛点）**

在一场比赛中领先的一方球员再赢得一分即可获胜的情况。

**Mini－break（抢七发球分）**

在抢七决胜局（tie break）中，赢下由对手发球的一分。

**Mixed Doubles（混合双打、混双）**

由四位球员一起打球的网球比赛，两男两女，球场的每边各有一男一女。

**Moonball（月亮球）**

高度极高的高吊球（lob），称月亮球。

## N

**No-Man's Land/Backcourt（后场）**

球场中发球线（service line）与底线（baseline）之间的区域。也是球员最难防守的区域。

## O

**Open stance（开放性击球姿势）**

击球时，身体正前方之方向线与底线（baseline）呈现接近于垂直的状态，但并不等于垂直，因此须利用上半身的转动来击球，为现代新式击球技法。

**Out（出界）**

球落在有效区域之外。

**Overrule（改判）**

反转线审（linesperson）的判决结果，由主审（umpire）为之。

## P

**Passing shot（穿越球）**

从网前对手旁边（非上方）通过的一球。

**Poaching（移位截击）**

为双打中一种积极进攻的移位，网前球员移位去截击（volley）打向其搭挡的球。

**Point（分）**

从第一个成功的发球（ service ）到这一球结束的期间。

**Pusher（防守型球员）**

不求打出致胜球（ winner ）、但求将球稳稳地回击回去的球员。

**Putaway（收拾）**

在占优势时试图趁机结束这一分（ point ）的一球。

## Q

**Quality（制量，台湾称球质）**

参考各种要素造成对方击球的困难程度。用于形容回球的困难程度，制量越高，回球越困难；制量越差，回球越简单。决定制量的三要素：速度、旋度、落点。速度快、旋度高、落点佳就是颗球质高的漂亮击球。

## R

**Racquet（球拍）**

球员用来打网球的拍子，由木头、金属或其他人造材料制成，具有长握柄以及成圈状的大拍头，拍头中穿以网状紧绷的直线。

**Rally（罗利）**

在发球之后，一连串的球的回击，直到其中一位球员将球击出界或未将球击入有效区域为止。

**Referee（裁判员）**

负责整个赛事规则执行的人（而非仅负责一场网球赛）。

**Retriever（防御型的底线型球员）**

防御型的底线型球员（baseliner），称Retriever。

## S

**Set point（盘点、盘末点）**

离赢得一盘比赛只差一分时，称盘点。

**Singles（单打）**

仅由两名选手参与的网球比赛。

**Second Service（二发）**

在一分开始时，发球方所获得的两次发球中的第二次发球，也是最后一次发球。

**Seed（种子球员、种子）**

由于网球赛制通常采取单淘汰制，为了不要让最好的一些球员在赛事前几轮就因彼此对上而出局，因此将参赛的最好的一些球员列入种子球员，并于签表中分散排列，以避免其在赛事前几轮就相遇。

**Serve（发球）**

击球到对方半场开始一分的比赛，称发球。

**Serve and volley（发球上网）**

发球并立即向前移动来创造截击的机会并有希望获得这一分的战术，称发球上网。

**Service line（发球线）**

在球场中，平行于网子、用来界定发球有效区域最远范围的直线。

**Sideline（边线）**

界定单打（singles）或双打（doubles）有效区域两侧的线，同tramline。

**Slice（切削球）**

（回球）用下旋的方式击球；（发球）带侧旋的发球。

**Smash（扣杀）**

一般对方回球过高，这时可以利用一种类似发球的动作将球快速击打回对方场地以产生赢球，即扣杀。

**Spin（旋转球）**

球在飞行过程中旋转，影响球的飞行轨迹和落地后的起跳。

**Split step（步伐分离）**

一种步法，在对手击球前做小的起跳。

**Straight sets（直落盘数）**

赢得一场比赛，获胜者没有输掉任何一盘。

## T

**Tanking（故意输球）**

指因心理素质差或其他原因而故意输掉该场比赛；或指故意输掉非关键的一盘，以集中体能和注意力于关键的一盘。

**Tennis Ball（网球）**

打网球时所用的球，为柔软、中空、中间填以气体、表面上覆盖以合成纤维软毛的橡樛球。

**T（T点）**

中线（center line）和发球线（service line）交会而形成一T字形的地方。

**Tie break（抢七局、抢七、抢小分局、抢小分）**

指在一盘（set）的比分来到6:6时，为了决定该盘的胜负所进行的一个特殊的局（game）。领先对手2分以上（含2分）且其得分达七分（含七分）以上者胜出。

**Topspin（上旋）**

球的顶部向前旋转的旋转方式，造成球往下沉且落地后弹跳得较高。

**Tramline（边线）**

界定单打（singles）或双打（doubles）有效区域两侧的线，同sideline。

## U

**Underspin（下旋、倒旋）**

球的底部向前旋转的旋转方式，造成球往上浮且落地后弹跳得较低，同backspin。

**Umpire（主审）**

在比赛过程中负责独立自主地执行该场比赛规则的人，通常坐在网子旁边高高的椅子上。

**Unforced error（非受迫性失误）**

比赛间发球或回击球时无法归因的失误和球员因自己判断错误所造成的失误。

## V

**Volley（截击）**

趋前在球未落地前即击球，称截击。通常以落点佳而对方无法追及之小球达成致胜球。

## W

**Walkover（不战而胜）**

不须比赛即获得胜利。原因有：第一轮轮空（ bye ）、对手被取消资格、对手因受伤等原因无法参加比赛等。

**Wild card（外卡）**

即使排名不够或没有及时登记，仍然获得参赛的资格。一般给予的情况有：虽然排名仍不足，但有潜力的球员、知名球员因故长期未参赛而导致排名不足、排名很高的球员没有及时登记参赛等等。

### Winner（致胜球）

若在连续对打时指的是：对手无法赶到的强而有力的一球，因而拿下这一分。若在发球时指的是：对手连碰都碰不到，也就是 Ace，因而拿下这一分。

### WTA（女子网球联合会）

WTA 是女子网球联合会（Women's Tennis Association）的英文缩写。该组织是负责开展女子网球运动的国际最高组织。

# PART 8 裁判标准

## 主裁判的工作职责

和其他运动项目一样，网球主裁判主持比赛的裁判工作。在比赛的全部过程中，主裁判可对场上参赛队员和其他裁判工作人员行使他的权力。他有权决定比赛中出现的一切问题（包括规定中没有规定的问题）。在比赛中，他有权改判其他裁判的判定，即他的判定为最终判定。

比赛过程中，主裁判应坐在球网一端的裁判椅上，椅子应距网柱约1米左右的位置，椅子的高度应在1.82至2.44米之间。

主裁判的主要职责如下：

### 比赛前职责

准备基本工具

准备工具如下：记分表、带橡皮的铅笔、手携式秒表、挑边器（硬币）、量网尺（卷尺）等。

召集全体裁判

召集该场地全体裁判人员做好比赛的一切准备工作。比赛准备工作是检查以下事项：

（1）检查单打支柱。单打支柱应在球网相反两侧，单打边线外3英尺（0.914米）处放置，如果负责双打裁判工作，应确定单打支柱是否已被去掉。

（2）检查球网高度。球网中心带高度为 3 英尺（0.914 米）。

（3）检查主裁座椅位置。椅子的位置应距网柱 3 英尺（0.914 米），此距离观察球场角度较好。

（4）检查司线员座椅位置。司线员不应该面对太阳而坐，如可能的话，应在主裁对面而坐；发球司线员和端线司线员的座椅，应按放在对应线的靠近挡网出或离边线 3.7 米处，但座椅不可垫高位置；司网裁判元座椅应放在网柱边，并尽可能的放在主裁对面。

（5）检查网球。主裁判应有足够的新球完成比赛，并准备一些不同程度的旧球作为丢失球的替补。

（6）检查其他物品。应给运动员准备好饮水、毛巾及运动员座椅这些物品，运动员座椅应放在主裁判两侧。若使用麦克风，必须固定安装，不可手持，并且要是用带有开关的麦克风。裁判椅及其周围不得安装供公共广播用的麦克风。

召开赛前会议

在运动员入场后，主裁判召开运动员赛前会议。赛前会议的事项如下：

在网前等候运动员，当他们准备好后，召至网前开会。告知运动员比赛盘数，平局决胜制及换球制度。询问运动员有何问题。

在运动员面前掷币决定选择发球还是场地。记牢：挑边获胜运动员可以选择发球或接发球，选择场地或要求对手选择。

检查运动员着装是否符合比赛要求。填写计分表，表明挑边获胜者及其选择的情况。

准备活动期间工作

在运动员 5 分钟准备活动期间，主裁判的准备工作如下：主裁判在座椅上坐定并在运动员第一下击球时开表计时，注意准备活动时间是 5 分钟。完成计分表的准备。

在准备活动还剩两分钟时，宣报“两分钟”。在准备活动还剩一分钟时，宣报“一分钟”，并介绍比赛。例如：这是第 X 轮比赛，参赛双方为我椅子左侧的 XXX，右侧的 XXX。采用三盘两胜（五盘三胜）及平局决胜制。XXX 获挑边权并选择 XXX。

当五分钟准备活动结束，宣报“时间到，准备比赛”，并指示将球交于发球方。

当看到双方运动员准备好，宣报“XXX 发球，比赛开始”，并在计分表上记下开始时间。

### 比赛中的职责

在比赛过程中，主裁判要控制场上局面，并应该注意球场及其周围发生的情况。

（1）主裁判目视发球方准备，并在其击球（第一发球和第二发球）前检查接球方准备状况，之后，目光移回发球方并注意发球。

（2）一分结束后，要目视失分运动员（如有问题或提问产生，肯定来自失分运动员），不要只顾低头看计分表。

（3）呼报分数（下面的分数均为虚拟的）的方式应遵循正确的国际网联报分程序（先英文后中文）。

除了在平局决胜制的小分中，发球方的分数总是呼报在先，如：15 比 0，0 比 15，15 平，30 比 15，30 平，40 比 30，平分（不能报 40 平），XXX 占先，XXX 胜。

当一分钟结束后，报分应响亮清晰，并迅速记在计分表上。

在一局（盘）结束后，除了报“XXX 胜”外，主裁判还应宣报局比分。如：第 1 盘第 6 局结束，XXX 胜，局数 4 比 2，XXX 领先。或第 1 盘结束，XXX 胜，局数 7 比 5，盘数 2 比 1 ，XXX 领先。如果观众可以看见计分板，则无需呼报盘比分。

当一盘到达平局决胜的时候，呼报：第 12 局结束，XXX 胜，局数 6 比 6，决胜局，发球。

在决胜局中，先呼报分数，再报出领先运动员姓名。如：1 比 0，

XXX 领先。2 比 1，XXX 领先。在平局决胜制报分中，用“zero”代替“love”，决胜局结果呼报；第 XXX 盘结束，XXX 胜，局数 7 比 6。

当比赛得出结果后，宣告获胜方：全场比赛结束，XXX 胜，（盘数 3 比 2），局数 6 比 4，1 比 6，7 比 6，4 比 6，6 比 2。每盘呼报中，比赛获胜者的报分呼报在先。

（4）主裁判是场上事实问题的仲裁，在没有司线员的情况下，主裁判必须对所有的线进行呼报。

（5）如果司线员的呼报有明显的错判时，主裁判可以及时的更正。更正一定要迅速，不要等到运动员申诉或反对后再做出更正。

（6）如果担任沙地网球裁判，主裁判有责任检查球印。

（7）主裁判要保证比赛的持续进行。运动员在每分之间只有 20 秒的间隔时间，而在交换场地后有 90 秒的时间。届时主裁判一定要提醒运动员继续比赛。

（8）如果某一运动员在比赛中受伤，通常被允许接受 3 分钟的治疗。

（9）当下雨和场地状况不适应比赛或当场地光线不够的时候，主裁判应推迟比赛，无论何时，都尽可能将推迟比赛定在一盘结束或局数比分平分的时候。

（10）在比赛过程中，主裁判负责换球并决定用球是否符合比赛要求。（有司网裁判时，司网裁判负责换球）

（11）根据国际网联认可的程序填写计分表。

在运动员赛前会议前，完成计分表上所要求内容的填写，如赛事名称、轮次、换球、运动员姓名等。

挑边以后，表明赢方运动员及其选择。

主裁判在向运动员解释判决结果

记录每盘比赛开始和结束的时间及比赛中断的时间及原因。

根据运动员在场上的正确位置，按发球顺序运动员姓名的大写字母标入“发球区”的纵列中。

在计分表右侧换球处预先做好标记。

在计分表的表格用斜杠及以下字母计分：

“A”代表发球直接得分。

“D”代表发球失误。

“C”代表违反行为规则。

“T”代表违反时间准则。

另外，“D”应标在发球者计分格底正中，表示第一发球失误。

行为、时间准则的违反应分别在其相应表格中表明。

应列举所有犯规事实，确切写明任何被认为是污秽的、有伤尊严的语句。

### 比赛后的职责

（1）在运动员相互握手并回到座椅上后，主裁以尽可能快的速度离开座椅，没有必要希望运动员与你握手。

（2）比赛结束后不要与运动员交流。

（3）完成记分表的填写并交给裁判长。

## 司线员的工作职责

优秀的司线员是做好一场比赛的裁判工作的关键，准确的线上呼报会使主裁判的工作相对简单和容易，使比赛能够更加顺畅而减少争议；而司线员的失误，如延误呼报及事后改判会使主裁判面临很多麻烦。

### 主要职责及礼仪

（1）选择视角最好的位置，观察自己所司之线，如果视线被接球方阻挡，应适当向内、外移动，进行调整。

（2）完成所负责线上的所有呼报，而对自己职责之外，其他司线员或主裁判的裁定不作任何评论。

（3）如因运动员阻挡了视线而没有看见落点，应立即做出未看见落点的手势。

（4）对错判立即更正。再好的司线员也难免出错，一旦意识到误判，应立即呼报“更正”。

（5）如主裁判进行改判，应保持安静。当运动员问及呼报和改判时，不予回答并将问题转向主裁判。

（6）当负责端线、边线或发球中线时，注意呼报“脚误”。

（7）负责司网时，应呼报“擦网”球。

（8）当主裁判未看见或听见运动员违反行为准则的言行，司线员要及时向主裁判报告。

（9）不要为运动员拾球或递毛巾。

（10）不要与观众交流。

（11）不要为运动员鼓掌加油。

（12）未经主裁判允许，不得离场。

司线员在向运动员比划球出界的动作

### 呼报技巧

#### 姿势

司线员应一直保持警觉及身体上的放松。边线上为站姿，端线及发球线为坐姿。

#### 呼报

呼报总是在手势之前做

出，一共6种呼报；出界、（发球）失误、重赛、擦网、更正。

观察

观察球的方法及位置对判断的准确性是至关重要的。不要一直跟随球的运行轨迹直至线上，稍微移动头部就可以知道球的位置。在球落地前，目光移至线上。保持头部稳定，立即将目光集中于线上及线后区域。在运动员对抗击球时，不要将目光滞留在线上。在发球线上关注发球运动员的准备动作，当其将球抛起准备发球时，立即将目光集中于线上及线后区域。

呼报后

当一分钟结束后，在硬地赛场中，一分结束后的手势或呼报做出时，注视主裁判；在沙地、红土赛场上，应将目光留于球印上，同时注意主裁判反应。在呼报的过程中，不要注视运动员。

## 运动员行为判罚标准

### 三级处罚制

在男子和女子职业网球比赛中实行三级处罚制。处罚情况如下：

第一次违例，予以警告；

第二次违例，处以罚分；

第三次违例，取消比赛资格。

在运动员违反行为准则的宣报中，使用正确的措辞是非常重要的。例如：“XXX先生、小姐乱击球，违反了行为准则，给予警告。”、“XXX先生/小姐使用猥亵语言，违反了行为准则，给予罚分。”、“XXX先生、小姐摔球拍，违反了行为准则，取消比赛资格。”

在宣报的同时，应在计分表上正确记录行为准则的违反，确保对每项违反准则细节的记录，进行确切的描述。

## 运动员违反规则的行为

### 服装要求

运动员应在着装上具有专业仪表，并且服装整洁规范。不能穿圆领长袖衫或体操短裤。商业及制造标志应符合规则要求。在双打比赛中，双打搭档应穿着底色相同的服装。

### 无故拖延

规则要求，运动员比赛应当具有一定的“连续性”，如果其超过规定的20秒或90秒时间，如出现下列情况：

（1）（在主裁判宣布“继续比赛”的指令后）拒绝比赛。

（2）自然状态下的体力不支（如抽筋、中暑等）。

（3）在因伤治疗的时间后或在交换场地时的治疗后未能及时比赛而违反准则。

在其他情况下超出20秒或90秒，该运动员将被视为违反时间准则而受到处罚（警告、罚分）。

### 场外指导

运动员在比赛过程中不可以接受场外指导（除了团体比赛交换场地的时间里）。

### 猥亵语言

运动员在场上不应该使用（通常为我们所知的）猥亵语言，而如果这些污秽言语又被主裁判、司线员、球童或观众清楚听到，则给予违反规则的处罚。

### 猥亵行为

运动员不应用手、球拍、球或其他器具做出下流动作及举动。有之，则给予处罚。

### 乱击球

运动员不应粗暴或愤怒的乱击球、乱踢球或乱扔网球。有之，则给予处罚。

出语伤人

运动员不能对其对手、某一裁判员及观众等出语伤人（指不尊重的、侮辱性的、贬低性的及伤及尊严的语言）。有之，给予处罚。

身体伤害

运动员不能对其对手、某一裁判员或其他任何人进行身体伤害（如推、踢打等）。有之，则给予处罚。

做出与运动员身份不符的行为

在任何时候，运动员都应该表现的与这项运动及其身份相符。而与其身份不相符的行为是指运动员任何玷污体育风尚的不良举止，如向裁判或其他人吐痰等。有之，则给予适当处罚。

## 信任制

网球比赛被称为“绅士运动”，而最能体现网球运动职业道德的比赛，要算是没有裁判员执法的比赛。在网球比赛中，将这种没有裁判员执法的比赛方法称为“信任制”。目前，国际上流行的奖金或级别稍低的比赛和青年比赛多采用这种比赛方法。

在信任制的比赛中，应注意以下事项：

（1）运动员应独立确定本场地区域的界内和界外球，而不应该得到外界（如观众）的帮助。

（2）运动员有责任和义务呼报对方击过来的球，并当对方询问是否出界时给予正确的答复。

（3）任何呼报，如“出界”“失误”或“重赛”等，必须要及时；如有迟疑，将被认为是好球，应该继续比赛。任何不能呼报出界的球，应被视为是好球，运动员不能因为自己未看清楚而要求重赛。

（4）如果时间和场地地面允许（如沙土地面），运动员在一分钟结束后，对于近3线球应仔细观察并作出相应的判断。

（5）在双打比赛中，同队选手中一人说出界，而另一个人说好球。两人之间对球判断的分歧，意味着应认为该球是好球。

（6）无论是在何种情况下，一旦呼报“出界”、“失误”或“檫网”，则双方都应停止击球。

（7）在双打比赛接发球时，未接球的一名选手负责报发球线，接发球者负责呼报边线和中线。当然，如果任何一位选手能准确判断的话，也可以呼报。

## 得分和失分

### 发球选手得分

以下情况发球选手得分：

（1）如果发球选手顺利发球过网，并没有出现重发情况，发出去的球在落地之前接触到接发球选手或任何他穿着或持有的物品。

（2）接发球选手出现违规的情况。

### 接发球选手得分

如果出现以下情况，接发球选手得分：

（1）如果发球选手连续出现两次失误。

（2）发球选手出现违规失分情况。

### 球员失分

如果出现以下情况，球员失分：

（1）活球状态下，在球连续两次触地前不能将直接回球过网（另有规定的除外)。

(2) 球员在活球状态下的回球触到了对方场地界线以外的地面、固定物或其他物体。

(3) 球员截击球失误，即使站在场地外面。

(4) 他故意用球拍拖带可接住处于活球状态中的球，或故意用球拍触球超过一次。

(5) 在活球状态下的任何时候，他或球拍（无论是否在他手中）及他穿戴或携带的任何物品触到球网、网柱、单打支杆、网绳或钢丝绳、中心带或网带或者他对手场地的地面。

(6) 在球过网前就截击。

(7) 活球状态下的球触到了除球员手中球拍以外的身体或其穿戴或携带的任何物品。

(8) 抛拍击球并且击到球。

(9) 在一分比赛进行中，他故意并大大改变了球拍的形状。

## 有效回击

下列情况属有效回击：

(1) 如果球触到了球网、网柱、单打支杆、网绳或钢丝绳、中心带或网带并且从上面越过后落在对方场地内。

(2) 无论是发球时还是回击球时，在球落到有效区内后又反弹或被风吹回过网时，该轮及击球的选手越过网击球并且没有违反相关规则规定。

(3) 如果回击的球从网柱或单打支杆以外，无论是高于还是低于球网的上部高度，即使触到网柱或单打支杆，只要落在有效的场地内。

(4) 如果选手的球拍在击球后越过球网，而不是在球过网前击打并且回击有效时。

(5) 无论是发球时还是回击球时，如果选手的击球击到了停在场地内的另一个球时。

# PART 9 赛事组织

## 国际网球联合会（ITF）

ITF 是国际网球联合会（International Tennis Federation）的英文缩写，简称国际网联。国际网球联合会是最早的国际网球组织，1911 年筹建，1913 年 3 月 1 日在法国巴黎正式成立，是由世界各国网球协会组成的权力机构。

会员中有表决新闻发言权的近 70 个，无表决权的占 10 多个。总部根据领导委员会的决议可设在任何一个城市，现总部设在英国伦敦。1978 年开始，国际网联专门成立了一个评判小组，每年通过计算评选出年度最佳的男女网球运动员各一名。

国际网联的宗旨是领导、协调和推进世界各国网球协会普及和提高本地区网球运动，尤其重视青少年网球运动的发展。保证实施国际草地网球规则，加强各国成员之间的友谊，每年召开一次大会。中国于 1981 年恢复国际网联成员资格。

国际网联的主要职责是负责有关网球比赛的一切事务；制定与修改网球规则；为发展中国家的网球教练开设培训班；协调世界青年、成年和老年网球比赛。

国际网联负责的比赛有：澳大利亚、温布尔顿、法国、美国四大公开赛，每年一度的戴维斯杯网球赛（世界最高水平的男子团体网球赛）

和联合会杯网球赛（最高水平的女子网球团体赛），奥运会网球比赛，世界青年杯赛，世界少年杯赛，ITF 女子巡回赛，发展巡回赛，卫星巡回赛，卫星赛，挑战赛等 200 多个赛事。

## 世界男子职业网球协会（ATP）

ATP 是世界男子职业网球协会（Association of Tennis Professional）的英文缩写，简称国际职业网联。成立于 1972 年美国公开赛之时，由 R·埃默森等 60 名男子职业运动员组建，号称“球员工会”，是世界男子职业网球选手的“自治”组织机构。

ATP 的主要任务是协调职业运动员和赛事之间的伙伴关系，并负责组织和管理职业选手的积分、排名、奖金分配，以及制定比赛规则和给予或取消选手的参赛资格等多项工作。

多年来，国际职业网联主要做了两件大事：一是进行排名榜的改革。职业网联负责人马克·迈尔斯是一位经验丰富的体育经纪人，为了提高赛事的水准，他改革了沿用多年的平均体系排名法。平均体系排名法是从 1973 年开始使用的，其主要弊端是使一些优秀网球选手每年参赛的次数急剧下降。

基于这点，职业网联决定采用新的排名法——“最佳 14 场赛事计分体系”，这就是我们现在所看到的 ATP 排名，它达到了促使球员增加参与比赛次数的目的。

国际职业网联做的第二件大事就是实施“超级巡回赛计划”。为了改变因球员超负荷运转，导致伤病和弃权增加，使比赛水平下降的现象，国际职业网球联合会采取了“超级巡回赛计划”，将原来的 11 项最高水平的赛事减到 9 项，并充分考虑了场地、资金和观众等因素，使 9 项赛事能充分展示男子职业网球的各种不同风格，奖金总额设置为 60

万美元至200万美元不等。

这些赛事，根据时间和场地划分为：塑料地——利普顿、印第安维拉；红泥土地——蒙特卡洛、汉堡、罗马；硬地——多伦多、辛辛那提；室内地毯场地——斯德哥尔摩、巴黎。

为了保证赛事质量，职业网联与排名前十的选手都签订了合同。合同规定这些球员必须准时参加比赛，不能在同一时间参加其他低级别的比赛。马克·迈尔斯说："实施超级巡回赛的目标就是'让网球运动更易于为人理解，让更多的人喜爱网球'。"

国际职业网联负责的国际性比赛全年有80个左右，分别在6个大洲34个国家举办，主要比赛有：ATP世界网球锦标赛，它的前身是世界网球大师赛，是国际职业网联主办的最有影响的赛事之一，是网球大奖赛的总决赛，也是决定谁是本年度单打头号种子的比赛。在1989年举行第一届比赛，之后每年11月15日在德国法兰克福网球中心举行，奖金、排名分和大满贯赛事一样。

ATP网球巡回赛，是国际职业网联主办的男子职业网球选手参加的比赛。巡回赛分四个等级：最高等级大满贯赛，奖金总额200万美元，冠军获400分排名分；第二等级锦标赛系列，奖金总额100－150－200万美元，冠军获230－265－300分排名分；第三等级世界系列赛，奖金总额15－25－50万元，冠军获90－103－133分排名分；第四等级挑战赛系列，奖金总额2.5－5－7.5－10万美元，冠军获30－40－50－60分排名分。

ATP超级网球巡回赛简称"超九"，是国际职业网联主办的男子职业网球选手参加的最高水平巡回比赛。每年有9起比赛，分别是利普顿锦标赛、新闻周刊杯、蒙特卡洛公开赛、松下德国公开赛、罗马公开赛、大美银行保险杯锦标赛、杜莫里尔公开赛、欧洲卡公开赛和巴黎公开赛。

# 国际网坛的重要赛事

## 戴维斯杯

戴维斯杯是世界男子网球团体赛的杯名。起始于1900年，由美国青年德威特·菲利·戴维斯创办，每年举行一次。金杯由217盎司纯银制成，外面镀金，杯上刻有“国际草地网球挑战赛，主席德威特·菲利·戴维斯1900”的字样。

1988年，国际网球联合会在几次修改有关比赛方法后再度做出重大变革，具体如下：把原东方区改为亚太区，并分成亚太一组和亚太二组，把原美洲区也分为一组和二组，把欧洲区改为欧非区一组，其中仍分区，每区前两名出线参加世界组的资格赛，又增设了非洲区二组和欧洲区二组。所有各大区的二组都是该区水平稍低的。这样，亚太区一组，美洲区和欧非区一组的区各出线的两个队，共八个队进行世界组预选赛，同当年16支世界组参赛队第一轮被淘汰的8支队进行抽签分别对阵，获胜队晋升到第二年的世界组，与上年首轮获胜的8支队组成16强以单淘汰的比赛方式争夺戴维斯杯。首轮负者回到各区的一组，再参加来年的预赛。

运动员们高举戴维斯杯庆祝胜利

戴维斯杯赛的赛制是先进行抽签决定主、客队，主队有权选择比赛地点和场地类型。每两队之间的比赛均采用五场三胜制，打满全部五场。第一天进行两场单打，第二天进行一场双打，第三天再进行两场单打，比赛采用五盘三胜制。在已经决出胜负后的比赛只可采用三盘两胜制。

## 联合会杯

联合会杯赛是世界女子网球团体赛的杯名。它是在 1963 年，为庆祝国际网球联合会成立五十周年而创办的，每年举行一次。

联合会杯的开始阶段是所有的参赛队全部汇集到某主办国，以赛会制的形式进行对抗，决出冠军杯的得属。随着会员的增加，参赛队越来越多，这种方式已不能适应。

1995 年，决定采用类似于戴维斯杯赛的方法进行，具体如下：由 1995 年联合会杯赛进入到 1/4 决赛的 8 支队组成世界组，止步于 1/4 决赛的另 8 支队组成组。世界组第一轮获胜的 4 个队进入半决赛，第一轮失败的 4 个队与组首轮获胜的 4 个队进行比赛，获胜的 4 个队作为 1996 年组的成员。组中首轮失败的 4 个队同各区中获胜的队进行比赛，胜者进入 1996 年的组。各区名额划分如下：欧、非区进组名额为 2 名，亚洲、东南亚为 1 名，美洲为 1 名。

世界组和 A 组的比赛采用五场三胜制，第一天进行两场单打，第二天进行两场单打和一场双打。双打比赛在最后进行。

## 霍普曼杯

与久负盛名的戴维斯杯和联合会杯相比，霍普曼杯的名字还不是很响亮。它是以澳大利亚网坛传奇人物霍普曼的名字命名的世界网球混合团体赛，其地位相当于羽毛球的苏迪曼杯。

哈里·霍普曼是澳大利亚著名网球选手，但他更伟大的成就是作为教练取得的。澳洲无数天皇巨星级的球员出自他的门下，其中有唯一两次夺得男子网球“大满贯”的巨星拉弗尔、目前仍保持着 12 个大满贯男单冠军纪录的埃默森等等。澳大利亚队在他的率领下令人难以至信地15次夺取戴维斯杯。20世纪70年代移居美国后，他又培养出麦肯罗、戈麦斯等巨星。

冠军手捧联合会杯

霍普曼一直希望举办一个能与戴维斯杯和联合会杯相当的混合团体赛。在他的门生 Paul McNamee 和 Charlie Fancutt 的努力下，第一届霍普曼杯终于在1988年12月28日开幕，有八支队参加了淘汰制的比赛。每队男女选手各一人，进行男单、女单和混双三场比赛，每场比赛采用三盘两胜制（这一方式延续至今）。霍普曼夫人每年均亲自为冠军发奖。

目前比赛由韩国现代集团赞助，总奖金达90万美元。杯赛赛制由淘汰赛改为分组循环赛，两个小组的第一名争夺冠军。

1996年霍普曼杯被国际网联（ITF）正式承认为官方的世界混合团体赛，虽然其影响力目前还远不及戴维斯杯和联合会杯，但相信今后它将越来越受到重视，比赛也将更加精彩。

### 奥运会网球赛

网球作为一项历史悠久的竞赛项目在1896年第一届希腊雅典奥运会上就被列为八大比赛项目之一，也是唯一的球类比赛项目，只设有男子单打和男子双打项目。

1900年，第二届巴黎奥运会，网球和足球是14个赛事中的两个球类项目，并增设了女子单打，女子双打和混合双打，有11名女选手参加，开创了女子走向世界网坛的先河。

到1928年第八届奥运会上，由于国际网联与国际奥委会在职业运动员和业余运动员的理解上发生分歧，网球运动离开了奥运会大舞台。

在以后的日子里，经过国际网联与奥委会的协调，1984 年，网球被列为第二十三届美国洛杉矶奥运会的表演项目。1988 年汉城奥运会网球被列为正式项目，终于重新回到奥林匹克大家庭。

但值得一提的是，由于奥运会的网球比赛无 ATP 积分，奖金又不高而且又在温网或美网赛临近的日子进行，所以部分优秀选手选择了放弃，所以奥运会的网球水平并不代表国际网坛的最高水平。

## 四大网球公开赛

澳大利亚网球公开赛、法国网球公开赛、温布尔顿网球锦标赛和美国网球公开赛是每年举行一届的水平最高的网球单项赛，被称为四大网球公开赛。

四大网球公开赛有着丰厚的奖金和 ATP、WTA 积分。每个比赛都包括成年组和青年组的男女单打，男女双打，及混合双打。而在所有项目中，成年组的男女单打最引人注目。在当年能获得所有四个比赛的冠军，被称为“大满贯”得主，所以四大公开赛又被称为“大满贯”赛。如适逢奥运会年，获得奥运会冠军及四大公开赛全部冠军，被称为“金满贯”。

1938 年美国人唐·巴基包揽了四大公开赛冠军，成为第一个“大满贯”得主。近年来，取得大满贯的运动员不在少数。目前取得金满贯的选手有：施特菲·格拉芙（1988 年完成）和安德列·阿加西（1999 年完成）、纳达尔（2010 年）、小威廉姆斯（2012 年）。

### 澳大利亚网球公开赛（Australlia Open）

澳大利亚网球公开赛是四大公开赛最迟创办的，创立于 1905 年 1 月底，地点设在墨尔本，地面类型为硬地，适合于技术全面的选手。

由于比赛安排在年初，西方的圣诞节刚结束，运动员的训练还未步入正轨，且又时值大洋洲的盛夏，气候炎热，许多欧美的高水平选手不愿长途跋涉，冒暑参赛，该赛事险些流产。1968 年，国际网球职业化，该赛事被列为四大公开赛，提高了 ATP 积分与奖金，所以才被延续至今，而且成为每年职业赛事重要的开始。

法国网球公开赛（France Open）

法国网球公开赛创办于1891年，每年5月底开始，比赛地点是在法国巴黎西郊的以法国战斗英雄“罗兰·加罗斯”的名字命名的网球场。地面类型为红土地，适合于底线型选手发挥。

法国网球公开赛创办前期均由本国选手参加，1925年才对外开放，成为公开赛，并提高了其整体水平。

温布尔顿网球锦标赛（Winbledon champion）

温布尔顿锦标赛创办于1877年，是现代网球运动的鼻祖，每年6月底开战，地点是伦敦西郊的温布尔顿总部，地面类型为草地，适合于发球速度快且网前技术突出的运动员。许多运动员都以能赢得该项杯赛的冠军为至高荣誉。

温网原名为“全英草地网球锦标赛”，开始只有男子单打，命名为“挑战杯”，1879年增设男子双打，1884年增设女子单打，1899年增设女子双打，混合双打。1901年对外开放，但只限于英国自治领地的小国参加。1905年正式成为公开赛。

美国网球公开赛

首届美国公开赛于1881年，在美国罗德岛新港进行，地面类型为硬地。开始名为“全美冠军赛”，每年8月底9月初进行，1915年移至纽约，1968年列为四大公开赛之一。

## “大师杯”网球赛

“大师杯”网球赛的前身是ATP世界锦标赛，由国际网联和男子职业网联联合主办。首届比赛于1970年在东京举行。现已演变成ATP职业赛的总决赛，有单打、双打两项，分别在不同地点举行。单打方面，只有在此比赛开始前，当年“ATP”积分排名前八的选手才有资格参加。当时只有奖金无积分，到1990年，移师到德国法兰克福进行，由IBM公司独家赞助，从而更名为“IBM”世界ATP锦标赛（IBM/ATP world champions）至今，并设立了高积分，从2000年起，一改该比赛由一地主办的惯例，而由不同城市申办。

## 爱立信公开赛

爱立信网球公开赛前身是里普顿网球锦标赛，开始于30多年前，当时世界顶尖球员杰克·克莱默、冈萨雷斯、萨吉曼、瑟古拉和布其赫斯坐马车来到那里，并在昏暗的露天球场上进行了一次比赛。

当时网球还并不流行，他们坐着车带着对网球发展的希望到处比赛。布其赫斯是“潇洒八人组”的创始人之一（在1968年的拉马世界网球巡回赛中的一次被承认）1970年由于患有慢性网球肘而被迫退出了网球赛场。

1980年，当布其赫斯成为网球职业联合会（ATP）主席的时候，他碰到了托马斯·利普顿公司的一个副主席，这位副主席对他的创办一个为期两周的网球赛事非常感兴趣。随后他们签署了一份合约，规定利普顿公司连续五年，每年出150万美元来赞助该项比赛，而利普顿公司则获得冠名权。

利普顿公开赛有“冬季温布尔顿网球锦标赛”之称，是一年当中比较重要的赛事之一。第一次赛事被定在离迈阿密北部50英里的戴利海滩的拉维尔国际网球场。第二年，该赛事的举办地又迁到了博卡雷顿。布其赫斯还保持和ATP和女子网球联合会的联系，提供资金，一部分的门票收入和世界范围的电视转播权。作为交换他也希望该项赛事能够保持15年，两个协会都同意了。

在经历了20多年后，利普顿公开赛终于成为了世界级的网球赛事，在1985年，利普顿公开赛改名为爱立信公开赛，一个新的网球传统赛事开始了。

第一届的比赛汇集了世界前100位男子选手中的84名和前100位女子选手中的97名。ESPN电视转播了第一周周末的赛事和男子的半决赛，ABC电视台现场报道了最后的决赛。来自澳大利亚、英国、法国、意大利、日本、瑞典和西德的电视网也进行了转播。布其赫斯带来了温布尔顿的裁判阿兰·米尔斯作为首席裁判和作为比赛规则的策划者泰德·丁凌（20 世纪 20 年代一位知名的网球服饰设计师）。

第一场比赛是在四号种子马莱瓦和卡那洛布罗之间展开的，后者是年仅 19 岁，世界排名 112 位的希腊小将。第一届的冠军是蒂姆·马约特和马蒂纳·纳弗拉蒂洛娃，女单决赛在马蒂纳·纳弗拉蒂洛娃和伊万特之间进行，全场全部坐满。

爱力信公开赛的总奖金为 180 万美元，仅次于温布尔顿公开赛和美国网球公开赛。第二年的爱力信公开赛更是吸引了前 50 名男子选手的 43 名和前 50 名女子的 46 名。

不久之后，迈阿密城的市长和 WTA 执行总裁帮助爱力信公开赛落户迈阿密城，那里有价值 100 万美金的 10000 平方英尺的网球会所。在 1992 年 11 月结束了争吵不休的诉讼，1994 年价值 2000 万美金的体育场开张了。那一年正好是爱立信公开赛开幕 10 周年。

2001 年的爱立信公开赛总奖金将达到 597 万 5 千美金，几乎所有的世界顶尖高手都将出席该项赛事，世界上著名的媒体也会全程报道这项赛事。爱立信公开赛也因此在参赛的选手、奖金总额、观众人数上压倒其他赛事成为了世界上第五大网球赛事，仅次于四大满贯。

2001 年，爱立信公开赛在美国将会被 CBS、ESPN、ESPN2 等知名电视台所报道，除此之外，ESPN 国际台和许多其他广播电视单位做全世界的报道。每年有超过 150 个城市能收到电视转播，还会被翻译成为 44 种语言做广播。

### 巴黎公开赛

巴黎网球公开赛创建于 1986 年，最初的名字为巴黎贝什公开赛，现在正是被命名为网球大师系列赛——巴黎站比赛，比赛地点是在巴黎的巴来斯体育场。

这个体育场总面积达到了 5 万平方米，并且适合骑自行车兜风、溜冰、体操、娱乐等各种活动。现在这个体育场已经被当成是法国运动的象征了。2000 年，巴来斯体育场为了迎接网球大师赛的举行，还特意更换了场地表面的颜色。

重新更新过的比赛场地表面颜色是紫罗兰色，四周衬以蓝色，这主要是为了让观众在视觉上更舒适。虽然颜色改变过了，但是场地的材质依然和以前一样。

### 多伦多大师系列赛

多伦多网球公开赛是网球大师系列赛的第六站。比赛的时间是每年的7 月31 日到8 月6 日。赛地是加拿大的多伦多，场地类型为室外的硬地球场，共有 64 位正选赛选手参加，总奖金高达 295 万美金。

2000 年的男单冠军是俄罗斯小将萨芬。双打决赛是在拉里/奈斯特和伊格尔/佛罗伦特之间进行，结果拉里/奈斯特以 6∶3，7∶6 击败对手多的最终的冠军。

萨芬高高地举起冠军奖杯，在他以 6∶2、6∶3 击败了最后一个对手哈雷尔·拉维尔后，俄罗斯人萨芬成为了 2000 年大师系列赛加拿大多伦多站的冠军。

虽然这位才 20 岁的俄罗斯小将比对手看起来更强壮更厉害，但是拉维尔获得亚军同样也是他这周的最佳战绩。这一战当中，他同样取得了 7 盘比赛的胜利，虽然最终失败了，但是也是件非常了不起的事情。

事实上，在强大的萨芬面前，拉维尔并没有表现出胆怯，在比赛的一开始，他打得非常主动积极，因为这是他网球职业生涯中最好的一次机会。他在第一盘就破了萨芬的发球局。但是随后萨芬的强大底线抽击，占了上风，让拉维尔逐渐失去了对抗的机会。

他接连打破拉维尔的发球局，结束了第一盘的比赛。这种模式在第二盘中丝毫没有获得改变，俄罗斯小将萨芬在第二盘中几乎没有给拉维尔好的机会，虽然拉维尔竭尽所能，但仍就无法改变失利的结果。赛后，萨芬非常高的评价了拉维尔的表现，然后向观众致意，感谢他们的支持，同时表示，这也是他职业生涯中最成功的一周。

### 罗马公开赛

罗马公开赛有着丰富的历史和荣誉，这使它成为最著名的网球赛事之一。自从贝尼托·墨索里尼在80年前命令制造球场开始，在由大片松树和白色石子路围绕的罗马公开赛中心赛场成为了许多值得纪念的赛事之一。

意大利罗马公开赛的第一位冠军是美国的传奇人物比尔·泰登。他在1930年获得了第一个冠军，在那以后的岁月里，比尔·泰登的名字就经常的在冠军名单里重复。拉维尔、威廉德、纽科比、纳斯塔斯、伦德尔和桑普拉斯都获得过罗马公开赛的冠军殊荣。但是只有少数的人才获得过一次以上的冠军，不过拉维尔、伯格、伦德尔和高默斯就是例外。

至今为止最后一位3次获得罗马公开赛冠军的选手是托马斯·穆斯特，他在1990、1995和1996年3次击败对手，获得冠军。只有（1950、1951和1953年）杰里斯拉维·多布尼和澳大利亚的马丁·穆里根（1963、1965和1967年）可以和他匹敌。

有幸在罗马公开赛的红土场地上比赛的选手很少有人能忘记这样的经历。除了使人印象深刻的环境外，赛场上座无虚席和热情的观众为比赛提供了无与伦比的热闹气氛。

罗马公开赛有着它独特的魅力，每年的5月，它吸引着无数的人们来到罗马观看比赛和参加这一年一度的世界最佳泥地网球赛事。

## 竞赛组织工作

竞赛组织工作是竞赛工作顺利进行的基本保证，其组织机构的规模大小由比赛性质决定。比赛的常用形式有：锦标赛、冠军赛、联赛、杯赛、邀请赛、选拔赛、表演赛及综合运动会等。

## 竞赛组织机构和职责

### 办公室

1. 制定大会文件、竞赛规程、赛会通知、补充通知等。

2. 召集有关会议，下达任务，协助竞委会工作。

3. 接受运动员报名和资格审查。

### 竞赛处

1. 编排比赛日程，编印秩序册、成绩册、成绩公告。

2. 印制竞赛用的各种表格。

3. 安排各参赛队赛前场地的适应性练习。

4. 在联席会上通报比赛中有关执行规则要求。

5. 检查场地和器材。

6. 比赛期间及时登记和公布当天的比赛成绩。

7. 协助裁判长组织裁判员学习。

8. 遇特殊情况要协助裁判长通知各队比赛更改比赛时间、日期和赛场。

### 仲裁委员会

仲裁委员会一般由 3 至 5 人组成，主要职责有：负责处理比赛中发生事端及纠纷；协助竞委会审查报名队和队员的资格；负责复审比赛期间执行规则、竞赛规程中发生的纠纷；对受理的申诉、控告等及时处理，不影响比赛正常进行。

### 宣传处

宣传处的职责有：协助竞委会筹备和召开新闻发布会的工作；组织整个比赛的宣传报道工作；组织评定体育道德风尚奖的团体和个人。

总务处

总务处负责大会的接待、交通、食宿、票务、医务等工作。

保卫处

保卫处负责大会期间的各项安全，其中包括：（1）运动员和裁判员等大会人员的驻地安全；（2）维护比赛场地秩序。

## 组织工作

特别注意在召开裁判长、领队、教练员等联席会议时，要强调竞赛规程中的各项规定。特别是确定名次办法的规定。然后经抽签，编人比赛日程。

要较好地完成一个赛事的组织工作，分几个步骤：

赛前的准备工作

1. 成立组织机构。
2. 制定竞赛规程。
3. 制定工作计划。
4. 赛前一些具体工作就是：办公室拟订大会文件，赛会会议、发奖等安排，以及接待、交通、食宿、票务、医务等行政工作。

竞赛处根据规程规定和报名队的具体情况编排比赛日程，编印秩序册并及时发到各有关单位；印制竞赛用的各种表格；安排好各参赛队赛前场地的适应性练习；组织调研和辅助人员的培训工作等；裁判长组织裁判员进行业务学习和实习，并进行裁判员分组和确定负责人，裁判长检查场地和器材落实情况，在联席会上通报比赛中有关执行规则的要求等。

宣传处协助竞委会召开新闻发布会的筹备工作，让更多的宣传媒体介入赛会进行宣传报道。保卫处根据赛会的需要组织安排一定的警力，确保赛会安全顺利进行。仲裁委员会与竞委会共同审查报名队和队员的参赛资格。在采用主客场制组织竞赛时，由组委会下设技术监察委员会向各赛区指派技术代表，他们要对赛区、裁判员、运动员等工作进行全面负责并及时向组委会汇报。

竞赛期间的工作

1. 竞赛处要及时登记和公布当天的比赛成绩，同时应经常检查和管理场地器材与设施；遇到特殊情况需要更改比赛场地、日期、时间等要及时通知各队。

2. 办公室应深入各队听取意见，改进工作，保证运动员、裁判员、工作人员的伙食、洗浴及休息。

3. 赛场应有医生做好处理伤病事故的准备工作，并做好食品卫生临督工作。

4. 裁判组要合理安排裁判员，及时组织裁判员小结，改进工作，保证比赛顺利进行。

5. 保卫处应随时注意与会人员驻地及比赛场地的治安工作，特别是在大会临近结束时更要加强保卫工作。

6. 宣传处组织好宣传报道和体育道德风尚奖的评定工作。

7. 仲裁委员会负责复审比赛期间执行规则、竞赛规程中发生的纠纷，对受理的申诉、控告等及时处理，不影响比赛正常进行。

竞赛结束工作

竞赛结束后，竞赛处及时核算比赛成绩、排出名次，由裁判长宣布；召开组委会会议听取工作汇报及意见，决定体育道德风尚奖评定结果，组织闭幕式和发奖仪式；印发成绩册，安排和办理各队及裁判员离会有关事宜。

## 规程内容

竞赛规程是网球竞赛的具体法规，是竞赛中各项工作的基本依据和指导性文件。一般由主办单位根据竞赛计划和竞赛组织方案的要求写出初稿，会同有关方面共同讨论，报领导审批。主要内容包括：竞赛名称、目的任务、主办单位、比赛日期和地点、参赛单位、报名人数、参赛资格、竞赛办法、录取名次和奖励办法、裁判员、报名日期、注意事项等。

在制定规程时，必须精心设计规程的各项内容。在确定比赛时间时，要注意运动员的竞赛负担量，即每人每天一场单打和一场双打比赛，而且是先单打后双打，这是国际惯例。

但如遇特殊情况，如遇雨等，也可打乱此负担量。另外还要考虑比赛期间的节假日情况，尽量把比赛的高潮安排在节假日，尽量把半决赛和决赛安排在周六或周日。

## 赛制编排

网球比赛属于个人项目，所以国际上除了戴维斯杯、联合会杯等几个团体赛事外，基本上都是以个人形式参加的单项赛。国内也是以个人参加的巡回赛居多。所以根据实际情况，网球赛大多采用淘汰制。个别的比赛组委会也会根据实际情况安排其他的比赛方式，如循环制等。

### 淘汰制

在淘汰制中又分为单淘汰和双淘汰，失败一次即被淘汰的为单淘汰制，失败两次被淘汰的为双淘汰制。淘汰制的优点是可以在同样的时间和场地情况下，容纳较多的运动员参赛，并可以使比赛逐步进入高潮。

采用淘汰制，比赛双方没有妥协的可能，也没有受第三方的影响或去影响第三方的可能。淘汰制也存在明显的缺陷，一个是机遇性强、合理性差；二是比赛机会少运动员得不到更多的锻炼。为了弥补淘汰制的不足，在实际应用中可采取一些必要的措施。比如采用设立“种子”的方法，即在赛前经过了解和协商，将实力较强的运动员定为“种子”，避免他们在比赛中过早相遇，另外，还可运用合理的抽签法编排比赛秩序。

### 单淘汰制的比赛方法

采用淘汰制进行比赛，最常用的是单淘汰制。单淘汰制的基本比赛方法是：将所有参加比赛的运动员，按一定的规律编排好之赛秩序，由相邻的两个运动员进行比赛，负者被淘汰，胜者进入下一轮，直到剩下最后一个运动员，最后一轮胜者为冠军，负者为亚军。

若比赛需要排出前6名或前8名的全部名次，可在前8名比赛中增加附加赛。即进入前8名的运动员，比赛一轮后，4名胜者进入前4名，4名负者进入5至8名。前4名再比赛一轮的负者，附加一场争夺3至4名的比赛。5至8名的比赛都为附加赛，胜者决5至6名，负者决7至8名。如果只取前6名，则最后一场决7至8名的比赛不再进行。

### 双淘汰的比赛方法

双淘汰的比赛，第一轮秩序表的编排与单淘汰相同。参加比赛的运动员按编排的秩序表由相邻的两个对手进行比赛，胜者进入下一轮角逐，负者与相邻的负者进行比赛。失败两场即被淘汰，在全部比赛中仅负一场者为亚军，全胜者为冠军。

双淘汰与单淘汰制相比，参赛运动员多一次竞争的机会。如果某运动员具有亚军的实力，但过早的与有冠军实力的运动员相遇，在淘汰赛中就有可能因为失利被淘汰，而在双淘汰赛中，失利后还可与相邻的失利队员继续角逐，仍有夺亚军的机会。这样一来，偶然性在一定程度上得到了限制，合理性增加了。不过，双淘汰也有无法解决的矛盾，那就是在决出冠军后，还有一场争夺亚军的比赛，不符合一般的欣赏习惯。

### 单淘汰制的编排方法

由于淘汰赛作为一种竞赛制度在理论上存在着一些缺陷，偶然性较大。同样一批选手，用不同的比赛秩序，将出现差异很大的比赛结果。因此，竞赛的组织者要十分注意淘汰赛的编排工作，使其符合一般的规律，在可能的范围内最大限度地保持竞赛的合理性。

单淘汰制的编排首先要考虑比赛轮数和场数。比赛轮数的计算方法是参加队（人）数的 2 的乘方数（即 2n）乘方数 n 就是表示轮数，因编排是按“2”的乘方计算，当 2 的乘方数依次是 1、2、3、4、5、6、7 时，其值依次分别是 2、4、8、16、32、64、128。

如果参加队数不是“2”的乘方数，则要用大于参加队数的“2”的乘方数进行编排。例：28 个队（人）参加比赛，28 不是“2”的乘方数，比 28 大的是 32，而 32 是“2”的 5 次方，所以比赛轮次为五轮。

单淘汰制的全部比赛场数按下列公式计算：总场数 = 参加队（人）数 - 1

例 1：16 队参加比赛场数是 16 - 1 = 15 场

例 2：28 队参加比赛场数是 28 - 1 = 27 场

种子选手和轮空

为了让实力强劲的选手尽量在决赛中相遇，编排比赛的时候还要确定种子选手，并合理排列。种子选手多是根据国家比赛规程的规定，根据前一年同一比赛的名次确定种子，种子的数目主要是根据参赛队或人数的多少来确定。

在一个标准比赛中，每 4 ~ 8 人有一种子，如果种子选手不够，则有多少算多少，其他人由抽签来决定其位置。双打时，非原配对则另有明确规定，如巡回赛等。

### 循环制

循环制是每个参赛队（人）在整个竞赛或同一小组中彼此都有相遇的机会，最后按各队在全部比赛中胜负场数或得分多少，按一定的计分方法，确定名次的比赛方式。

在报名队（人）数少且场地又多，日期又长的情况下，可以用此法。特点是合理且能参加更多的比赛积累经验。

循环赛制又分为单循环、双循环和分组循环三种。单循环是所有参加比赛队（人）均能相遇一次。双循环是所有参加比赛队（人）均能相遇两次，即为打两次单循环。分组循环就是参加比赛队（人）分成若干组进行循环比赛。

单循环比赛的编排方法

采用单循环制比赛，一般情况下参赛队（人）不宜超过8个。比赛轮数的计算方法是：

队（人）数为双数时，轮数等于队（人）数减1；

队（人）数为单数时，轮数等于队（人）数。

比赛场数的计算方法是：

比赛场数＝队（人）数×（队（人）数－1）÷2

例1：5队（人）进行比赛，比赛轮次＝5轮；比赛场数＝5×（5－1）÷2＝10场

例2：6队（人）进行比赛，比赛轮次＝6－1＝5轮；比赛场数＝6×（6－1）÷2＝15场

单循环比赛顺序的确定

确定单循环的比赛顺序，要考虑比赛场数的进度一致，并尽量使各队（员）机会均等，并注意还要使强队或水平相近的队在最后一轮相遇，从而使比赛逐步进入高潮。

单循环比赛顺序的编排，一般采用轮转法。不论参加队数是偶数还是奇数，都应按偶数编排。如果是奇数，可以补一个“0”号，与“0”相遇的队就轮空一次。

例如：有8个队参赛的情况下。这种轮转法，适用于各队实力互不了解，故采用抽签定位的办法，很可能出现强队早期相遇。逆时针轮转法则可使最后的比赛保持精彩，是通常采用的编排方法。

轮次表编排完后，各队进行抽签，并按各队抽到的号码填到轮次表里（或按上届比赛的名次顺序确定编号），据此再编成竞赛日程表。编排竞赛日程表，首先要贯彻机会均等、公平竞争的原则，当然也要适当地照顾到比赛（观众）的需要，可以从时间（上午、下午、晚上）、场馆（大馆或小馆）、地区（本地或外地）等不同的方面作出调整，达到

各队大体上的平衡。

编排中，要考虑到轮次中间的间隔长短，以保证运动员有足够的休息时间。如果竞赛期限允许，通常打完3轮后要休息一天。

分组循环赛的编排方法

分组循环赛也称为分组分阶段单循环赛，一般在参加队数较多的情况下采用。采用分组循环赛时，要根据参赛队的总数和录取名次要求，分成若干个小组，进行第一阶段比赛。根据循环赛的特点及实际情况，要使分组相对合理，可采用使组数和每组队数的差数最小的方法。例如，16个队参加，可采用4队4组的分组方案。

若竞赛规程规定第二阶段采用同名次循环赛，则可按下列公式判断分组方案是否可行：

总队数×2÷组数－总队数＝每场地每节容量×每天节数×场地数×比赛天数×2

将有关数字代入公式计算后，若等式两边相等或近似，则说明分组较合理。

例：$16^2 \div 4 - 16 = 1 \times 2 \times 4 \times 3 \times 2$

当然，在规程规定的比赛时间和场地等条件许可的情况下，第一阶段分组应越少越好。

确定分组后，要根据竞赛日期和场次规定，可将比赛分为两个阶段或三个阶段进行。决赛阶段的比赛方法，可采用单循环赛、同名次赛、交叉赛或其他比赛办法。

在分组循环赛的竞赛规程中，必须明确规定竞赛分组、分阶段的办法，及录取小组名次和总名次办法，使参赛者和组织者都事先了解比赛的编排方法。

分组循环种子队的确定

所谓“种子”，是指在比赛秩序表中需要合理分布的技术水平较高的运动队或运动员。为了使比赛机会均等，避免强手分在同一个组过早相遇，分组循环赛一般应设种子队。

确定种子的依据是参赛运动队或运动员的技术水平，通常主要看他们在各级比赛中所取得的成绩。这些成绩要以最近的比赛和高一级的比赛为准，即远的服从近的，低的服从高的。竞赛主办单位可根据具体情况对确定种子的原则作补充规定。

分组循环赛种子队的排列

确定种子队按水平排列序号之后，需要合理地将其安排到分组循环赛第一阶段的各小组中。若比赛分两组，仍设 8 个种子队，可采用蛇形排列方法：

第一组：1 4 5 8

第二组：2 3 6 7

我们若按种子序号依次画出各队进出组的顺序，就会得到一条蛇形的曲线，因此把上述分组方法称为“蛇形排列法”。

### 双循环制

双循环赛是所有参加比赛的队均能相遇两次，最后按各队在两个循环的全部比赛中的积分、得失分率排列名次。如果参赛队少，或者创造更多的比赛机会，通常采用双循环的比赛方法。

双循环比赛一般都是属于联赛性质的，任意两支球队都要在自己的主场和对方的主场各交战一回合。

双循环赛秩序的编排方法与单循环赛相同，但比赛总场数比单循环赛多一倍。

# PART 10 礼仪规范

## 运动员参赛礼仪

对喜欢打网球的人来说，网球场是一块充满挑战和乐趣的宝地，蓝天白云、明媚的阳光、新鲜的空气、涔涔的汗水、悦目的场地、文明的交往，打网球为无数陌生的朋友搭起了一座座友谊的桥梁，而绿色的小球则愉快地充当着交流的使者。

网球场是竞技场，总会有激烈的争斗与拼杀在此上演，但同时人们却也可以从中感受到另外一种安详与和谐，它们源于球员与观众所具备的良好的行为素养，源于所有参与者发自心底的友善态度。

“尊重网球场上的一切人与物”，这是打网球者最起码的行为准则，它包括尊重对手、观众、工作人员、服务人员，包括尊重球网、网柱、球拍、球等等。球员品行的优劣是烘托球场气氛的一个因素，也是球员个人形象的一个重要组成部分，如果球员行为粗鲁、不懂得尊重他人、他物，那么再高明的球技也不会带给他完美无形的赞誉。

网球初学者可以拿下面一些小事来对照自己，它们并不能成为衡量球员品行修养高低的标准，但却可以在细节上帮助初学者尽快地溶入网球场独有的气氛当中去。

当你的球滚入邻场而邻场的球员正在练球之中，此时你若冒然入场捡球显然是非常不礼貌也是很不安全的，可以稍等一下待其结束击球后再快步入场捡球或请其帮忙将球传出来。

当球场有球员正在进行比赛时，其他人不可以进入比赛场区内捡球并且也要尽量避免在球员视线范围内随意走动，否则不仅不礼貌而且还会被认为是“意外阻碍”而影响比赛的正常进行。如果一定要穿越球场，可先站于一边观看，等球成“死球”后再从场边快步通过。

练球时当你击球出界或还击下网。你的练习伙伴因此也就损失了一次继续练球的机会，尽管你不是有意如此但也应该向对方说声“对不起”。细心的朋友会发现“谢谢”和“对不起”是网球场上使用频率最高的两个词。

要发球时最好先看一看对方是否已做好了接球的准备，不要连看都不看一眼就把球发出去完事大吉，如果在练球时这样做，会被认为是对对方的不尊重，也极有可能导致“误击事件”的发生，如果在正式比赛中则可能要被判发球无效、重发球。

练球时应主动承担起为对方司线的责任，告诉对方他打过来的球是“In”、“Out”还是压线。

球网忠心耿耿地为双方做着“分界员”，所以尽量不要从它上面一跨而过或者将身体压在其上面去捡对面场地上的球，否则网绳很容易因经不住压力而断掉。

球拍是打球人最亲密的伙伴，拿它当架子或坐垫坐，拿它当出气筒乱扔、乱拍别的东西，这都有欠公允而且一旦令它受伤没准就会妨碍到练球和比赛。

网前微笑握手显示绅士风度

进入网球场一般不允许穿硬底鞋、皮鞋、钉鞋等有损球场表面平整的鞋，鞋底的质地、颜色也以不致在场地表面留下痕迹为宜，赤脚或赤脚穿鞋入场打球是被认为有失雅观的。

裁判员与球员之间有时会

因界内界外的问题发生分歧，这时候球员应尽量保持情绪上的稳定，如有球印的话可向裁判指出，没有的话则服从裁判，而裁判所要做的是尊重球员的汗水和努力，最大限度认真地裁决每一个球，避免错判、漏判的发生。

裁判员不仅是场上的执法官，也在一定程度上控制着比赛进行的节奏和气氛。比如在适当的时候他（她）会请观众坐好，会提醒观众不要用闪光灯拍照，也会请观众注意其他事项，如请尊重双方选手等等。作为观众应留意到裁判员的提示，以免不小心影响比赛的进行。

我们再来看一看职业比赛对球员的行为都有哪些基本的规范。每个选手出现在赛场上时都必须穿着洁净、整齐、符合习惯及要求的网球服装，正规比赛中男子应着半袖上衣及短裤，女子应着中袖或无袖上衣及短裙或连衣短裙，特殊情况除外。长袖衫、体操服、时装、无领汗衫或是其他不被允许的衣饰都不能在比赛或赛前准备活动中穿用。

很长时间以来网球服装在颜色及款式上都比较保守，近年有相当大的改观，但不论穿什么、怎么穿，整洁、舒适的原则是不会变的，平时练球时也应如此。可否“赤膊上阵”由球员自己决定，如果你认为无伤风雅也不怕晒伤皮肤，那尽可随心所欲，但正式比赛中绝对不允许这样，公共球场上也最好穿戴整齐，进入某些私人球场打球则可征求主人的意见。

参加温布尔顿或其他草地网球比赛时球员必须穿草地网球鞋，除准备活动外，网球服及鞋袜的颜色必须以白色为主。法国公开赛上，组委会有权认定什么样的鞋（鞋底）不符合要求并禁止球员穿这样的鞋在 Roland Garros 网球场上进行比赛。双打比赛时，同队选手应着一致的比赛服装出场。

大满贯比赛中的商业色彩是无处不存的，体现在球员身上就是服装用具上的商标，而着装又是球员行为的一个组成部分，所以我们来看一看关于商标的规范。无论在比赛中还是在赛事举办的记者招待会或其他一些仪式上，球员的服装、器材及各种用品上出现的标志都需遵循以下规定：上装的每只袖口上可以有一个商标，面积不能超过3平方英寸(19.5平方厘米)；胸前可以有两个标识语，每个不能超过2平方英寸(13平方厘米)，如果只有一个标识语，其大小不可超过3平方英寸；后背和衣领上不得有商标；裤子（或短裤）上可以有2个商标，每个不能超过2平方英寸，如果只有一个的话则同样不可超过3平方英寸；帽子、发带、护腕及每只袜子上都可有商标但不能有标识语，其大小不可超过2平方英寸。

参加大满贯比赛的运动员除必须尽自己最大的努力去争取胜利外，在赛场上还不能做任何带有污辱性的手势及身体动作，不能对观众、裁判、对手等说任何带污辱性的语言，不能以摔、敲、踢拍子、用品等形式发泄不满，不能有损害运动员形象的、不合运动员礼仪和身份的行为。违反上述规定的球员将被处以最高达一万美金的罚款，除此之外，裁判员还可依据三级判罚制对球员的不良行为进行处罚。

球员参赛期间不得参加与大满贯比赛有关的任何具有赌博性质的活动，如有违反将被处以最高达十万美金的罚款或者没收其在比赛中赢得的全部奖金。

## 观众观赛礼仪

网球比赛是体育比赛中对观众礼仪要求比较多的一个项目，只有了解了基本的网球礼仪和网球规则，才能更好的欣赏比赛。观众在观看网球比赛的礼仪是约定俗成的。

做一名网球迷并不难，但做一名合格的网球观众却并不太容易，不仅需要熟知复杂的网球规则，更要了解看台上的一些约定俗成的惯例。

(1) 背包入场必须安检，行李是不能带进场内的，尤其是大件的物品。在大的网球公开赛中，背包观众入场前必须通过安检门，确定包中没有危险物品方能允许进入。

（2）为了球员和观众的安全，玻璃瓶、易拉罐饮料都是不允许带进场地的，比赛时只允许带软包装饮料进入球场。任何可作为武器的用品都将被没收。

（3）一些电子通讯设备也是不能带进场地的，包括电视、收音机、电脑等等，电视及收音机的杂音会影响到选手的发挥。另外也不能带婴儿进入场地，因为他们的声音无法控制。总之，入场时要尽量按照规定，不带违规的物品，既省去一些不必要的麻烦也为自己节省时间。

（4）比赛开始应立即就座。

网球比赛中在单数局时双方球员需要换边并进行短暂的休息，但第一局结束后球员只换边而不能坐下休息，所以这时一般不允许外场观众进场。在3、5、7等单数局或一盘结束后，观众需在引导员的帮助下尽快入座。如果在比赛开始时仍没找到自己的位置，应该就地坐下，在下一次球员换边时再找。比赛进行中不应站起来来回走动。

在有观众看台的赛场上看球时，一定要在比赛开始之前坐到自己的位置上，不要随意停留在过道或坐在栏杆上看球。在没有观众看台的赛场看球时，一定要在球场挡网外围观看，千万不能进入赛场看球。

如果同时有几片场地在比赛，当你想到其他场地看球时，一定要在这一块场地的一分比赛结束后，才能从挡网后面不太显眼的地方走过，不要影响任何一块场地的比赛。

（5）在比赛开始时，一定要保持绝对安静，不要吃东西或互相聊天、喧哗，不要制造影响运动员或其他观众的声音。请一定将手机关掉或调成振动、静音状态。

（6）比赛开始后，加油鼓掌时要注意，只有在一分的比赛确实结束时，方可开始加油叫好。

（7）比赛中不得与裁判、球员进行任何形式的谈话，包括询问比分、对判罚有异议、或当面向球员叫好。

数千名观众井然有序地坐在观众席上观赛

（8）当你拣到球员打飞的球后，一定要在每一分比赛结束后，方可扔入场地内，千万不得在比赛进行时，将球扔进场内而干扰比赛。

（9）如果有兴趣拍摄比赛，一定要注意绝对不可使用闪光灯。

（10）赛场内禁止吸烟。

# PART 11 明星花絮

## “大满贯”奇才——唐·布奇

1915年6月13日，唐·布奇出生于美国加州的奥克兰。他的父亲是一个足球运动员，小布奇除了喜欢足球之外，最热爱的当属篮球和棒球了，但最后在哥哥的敦促下选择了网球。

在1937年戴维斯杯半决赛中，美国对阵德国。布奇顶着巨大压力以一个漂亮的穿越球宣告了比赛的结束，为美国队赢得决赛权。受此鼓舞，美国队一鼓作气以4:1击败英国，11年来首次问鼎戴维斯杯。这一年，布奇获得“年度最佳运动员”称号，并成为首个获得“詹姆斯·E·苏利文奖”的网球选手。

继1937年戴维斯杯为国扬威后，布奇在1938年迎来了统治网坛的一年。那一年，他只参加了8个比赛，却赢得了6项比赛冠军，战绩为43胜2负。在澳网中，他由始至终仅失一盘，在决赛中战胜了约翰·布朗维奇问鼎；在法网中，他只输掉了三盘，决赛中战胜了罗德里克·曼塞尔在温网中，他单打一盘未失，决赛击败英国选手巴尼·奥斯丁。

在美网战胜马考后，布奇成为第一个在一年中包揽全部重大比赛冠军的球员，而在此前人们认为，有人能在一年内连夺四项主要网球赛事的冠军几乎是不可能的。当布奇将这一不可能变为现实后，激动不已的大众创造了“大满贯”一词以作纪念。

布奇身高 1.87 米，体重 73 公斤，挥着一支 15.5 磅（约 7 公斤）的木拍。红发、雀斑、外表不起眼的他，在场上的动作却充满美感与优雅，反手极其准确，且被公认为是有史以来最好的。在自己的家乡伯克利负于布朗维奇后，布奇告别了业余网坛转入职业。

1942 年，布奇加入美国空军部队参加了第二次世界大战。不幸的是，在一次军事演习中他的肩膀受伤，这影响了他以后的职业生涯。在一次锦标赛中输给了里格斯后，布奇从此失去了职业网坛的霸主地位。然而，布奇仍参加了 1946 年、1947 年、1949 年和 1953 年的 4 次美网决赛。尽管他都失利了，但这些都没有给他的伟大留下丝毫疑问。10 次大满贯赛男单冠军得主比尔·蒂尔顿评价道：“我认为他是一年 365 天里表现最好的运动员。”

1964 年，布奇入选网球名人堂。1973 年，58 岁的布奇又与前冠军富兰克·吉格曼组队，在万众瞩目之下荣获了温布尔顿元老双打赛的冠军。

1999 年 12 月 14 日，布奇在一次车祸中受伤，再也没能恢复过来，于次年 1 月 26 日逝世。曾经的掌声、荣耀和回忆都会逐渐褪色，而他所留下的历史纪录，却永远闪耀着耀眼的光芒。

2006 年 8 月 14 日，在纽约的一次权威性评比中，唐·布奇与纳芙拉蒂洛娃被评为美国网球及美网历史上最伟大的男女球员。

## 美网传奇的谱写者——吉米·康纳斯

有人说，吉米·康纳斯一个人的故事就是一部 20 世纪七八十年代职业网坛 20 年的历史。这样的说法虽然有些夸张，但也许并不失实，因为在康纳斯投身网坛的 22 年职业生涯中，他的确堪称那个时代美国最伟大的网球选手。

这位来自密西西比河畔的“牛仔”被称为网球场上的“大力水手”、“疯子”、“天才”、“魔鬼”和“常青树”，他的105个单打冠军和46个亚军至今无人能出其右。而他在39岁的年纪仍然闯入大满贯决赛的纪录想必至今也很难打破。

从战绩和赛事奖金的角度来讲，他是那个年代的佼佼者，虽然他所获得的大满贯冠军奖杯数量并不是最多的，但对于这位永不疲倦的“超人”来说，共计84场的温网胜场数与98场的美网胜利纪录才是他最值得夸耀的胜利。

康纳斯没有获得过法网冠军，他一次也没能够站到罗兰·加洛斯王者的高度，这是他网球赛场上的遗憾，却并非是他的土场技术有缺陷。他在1974年一年中获得了14个冠军头衔，其中包括温网、美网和澳网。那一年他已经逼近了囊括四大满贯头衔的神话，但是由于ATP与WTT（World Team Tennis）之间的纠纷与恩怨，身为ATP球员的康纳斯因为参加了WTT的比赛而被法网拒之门外。

康纳斯在草地和硬地上伟大的成就已是不争的事实。他是唯一在美国网球公开赛的草地、红土和硬地3种球场上都获得过冠军的球员，也是唯一在土地场上与比约·博格交手时保持全胜纪录的选手。

时至今日，球迷和他的老对手们回忆起吉米·康纳斯当年在赛场上旺盛的精力和火爆的脾气时依然不寒而栗，这个身高只有1.77米的左撇子球手有着炮弹一样的发球和力拔千钧的底线正手，乳白色的网球在他那支著名的铝合金拍的驱使下变成了一枚枚致命的炮弹。有时他本人会咆哮着冲到网前或者观众席边与任何敢于蔑视他的人争论不休。

不知从何时起，吉米·康纳斯刮掉了他上唇那撮标志性的胡须，但他刚烈的性格与球风却从未曾改变，甚至他与“网坛玉女”埃弗特的爱情与婚约也不能束缚住他不羁的个性。说起来康纳斯的生活实在不少波折，人们对他个人的争论也从未停止过。

2004年，当身着一袭黑衣的康纳斯现身在法拉盛公园观赛时，球迷们读到了这位已过“知天命”之年的老球王脸上的那份沉静与温柔。2006年，康纳斯开始执教美国帅哥罗迪克。在他的调教下，罗迪克的技术得到明显提高，状态也回升很快，当年就在美网前取得19场18胜的成绩，并杀入决赛，惜败于费天王。

## 平静如水——海伦·威尔斯

在美网和美国网球史上，20世纪20年代最优秀的女选手当属海伦·威尔斯。海伦·威尔斯生于1905年10月6日，父亲是位外科医生，母亲是位教师。与别人家的孩子不同，海伦从小留在家中，由母亲教育，直到8岁才开始去学校上学。

当时，在威尔斯一家居住的加利福尼亚州，网球已经成了最流行的运动。海伦8岁那年，她的父亲送给她一支网球拍，带她到医院的泥地上打球，教会了她一些基本要领。此后，海伦就常到附近的网球俱乐部看别人打球，凭借过人的天赋，她很快就悟到了其中的窍门。

1919年，14岁的海伦被接纳为柏克莱网球俱乐部的少年成员。第二年，海伦就夺得了全美少年网球赛的女单冠军。17岁时，她获得了自己第一个美网女单冠军。1924年，在巴黎奥运会的网球比赛中，她将女单女双两枚金牌收入囊中。这一年，她还首次踏上了温布尔顿的赛场，一路打进了决赛，最后获得亚军。

从那时开始，她在这片草地上再也没有输过一次单打。1927至1938年间，她8次参加温网，全部夺冠。此外，海伦还曾7次捧起美网奖杯，4次在法网称后。

海伦·威尔斯在球风上，属于内向、心理十分稳定的球手。无论是在有利还是不利的情况下，她的表情始终平静如水，由此人们送给她一个绰号——“扑克牌脸”小姐。也正是这种稳定的心理，使她在比赛中屡屡获胜。

在鼎盛时期，海伦·威尔斯曾连续158场比赛保持不败，接连夺得27个冠军头衔，直至1933年美网决赛告负。在1927至1933年间，她甚至从未输过一盘。她单打比赛的战绩是398胜35负。她一共参加了22届大满贯赛事，获得19个冠军、3个亚军，大满贯赛的胜率高达97.7%。

在海伦·威尔斯之前，苏珊·朗格伦是女子网坛最响亮的名字。海伦也十分仰慕这位法国选手。海伦曾作为观众目睹了1921年朗格伦在美网对阵莫拉·马洛里的比赛。那场比赛因为朗格伦中途称病退出而留不少争议，最后朗格伦在全场静默中一边哭泣一边退场的情景也给海伦留下了深刻的印象。

5年之后，在法国戛纳，海伦与朗格伦首次在正式比赛中相遇，这也是她们唯一的一次对垒。在这次千载难逢的机会中，海伦以0:2败给朗格伦。虽然第二盘争抢得很激烈。最后海伦以6:8未能挽回败局。

1938年7月2日，海伦在温网决赛中战胜海伦·雅可布，第八次夺得温网冠军。当她们准备上场参赛时，有人带来了朗格伦病危的消息。2天后，朗格伦因恶性贫血在巴黎去世。

海伦不仅球技高超，而且是一位颇具吸引力的漂亮姑娘。在球场上镶着绿边的白色球帽，身着白色无袖水手服，显得纯洁无瑕，她用自己的性格魅力和无数次的胜利提高了女球员的地位。

海伦·威尔斯在这次温网后退出了网坛。在经历了一次失败的婚姻后，1939年，她与爱尔兰马球选手艾登·罗阿克结婚。

离开网坛后的海伦选择了隐居，她的晚年也在平静中度过。她喜欢看电视转播的网球赛，尤其欣赏玛蒂娜·纳芙拉蒂洛娃。1998年1月1日，海伦·威尔斯以92岁的高龄辞世。她没有子女，遵照她的遗愿，她的骨灰被撒入大海。

# 第一位黑人美网冠军——艾尔西亚·吉布森

艾尔西亚·吉布森于 1927 年出生在南加州，并在纽约度过了她的童年。1950 年，吉布森成为获得美网冠军的第一位黑人选手。1951 年，她又获得温网女单冠军，1956 年获得法网冠军，这在黑人网球历史上都是第一次。

20 世纪 50 年代，正是美国乃至世界体育种族歧视根深蒂固的时期。而这样一位看似毫无雄心壮志的黑人女子，却因为自己的努力与坚持，用网球这个媒介，于无意间缔造了历史，开创了黑人运动员得以驰骋世界体坛的先例。

那是 1950 年的一天，一场平常的女子比赛在美国举行，可一切又显得那么不同寻常，场上一边是当年的温布尔顿女单冠军路易斯·布鲁，另一边是一名黑人女选手，名叫艾尔西亚·吉布森。而在此之前，还尚没有黑人出现在美国的重要网球比赛中。在这一次比赛中，吉布森惜败于对手，但她的出色表现令观众印象深刻。

艾尔西亚·吉布森

此后，美国的网球前辈在杂志上撰文为吉布森争取参赛权，美国网协也为吉布森开了先河，让她在美国网协主办的赛事上露面。此后不久，艾尔西亚·吉布森首次参加了美网比赛，并一路拼杀到决赛，在重重的白人包围中，她终于登上冠军的宝座。

就这样，一旦遮挡的幕布被移开，吉布森的光芒便显得如此耀眼。从正规赛事起步，她很快就获得了两届全美冠军。接着是两座温布尔顿奖杯，一个罗兰·加洛斯冠军。然而，吉布森的突出表现并没有使职业网球的大门完全朝黑人选手敞开，但是职业棒球界自罗宾逊之后，一切都变样了。

对于吉布森本人来说，作为一名“业余选手”，冠军奖杯并不能当饭吃，不得已，她只能参加一些表演活动。球场之外，她多才多艺的天赋同时也成了维持生活的途径。她写过几本书，灌录过唱片，出演过电影，还参加过女子职业高尔夫巡回赛，并成为首位入选 LPGA 的非裔美国人。

50 年之后，威廉姆斯姐妹的身家超过千万。令吉布森感到欣慰的是，相同肤色的后辈们没有忘记她，大威感伤地表示，吉布森最伟大的成就，莫过于有力量和勇气去打破似乎根本不可能打破的种族鸿沟。“她伟大的地方在于为我或类似我这样的黑人女子选手的成功奠下基础，她所创造的传奇将永远不朽。”

靠着众人的支持和援助，吉布森青少年时期在网球俱乐部等场所学习、训练并参加正规比赛。若干年以后步出网坛的她也尽其所能帮助年轻人，并设立了艾尔西亚·吉布森基金会。1990 年，她再次回到温布尔顿的中央球场，亲自为历史上第二位打入温网决赛的黑人女选手——吉娜·加里森加油鼓劲。退役后的吉布森一直从事网球教育活动。1971 年，入选网球名人堂。1988 年，她把获得的温网冠军奖杯捐献给了美国国家历史博物馆。

## 双手反拍的先驱——克里斯·埃弗特

克里斯·埃弗特于 1954 年出生在佛罗里达，从小就在佛罗里达州罗德戴尔的土地球场上练习和成长，对于红土球场有着与生俱来的领悟能力。尽管同样身为网球运动员的父亲从来不曾有意地教给她用两只手挥动球拍，但是埃弗特却自己“发明”了依靠左手的辅助击打反手球的方法，这也就是她独一无二的反手动作的由来，也是后来无数球员双反的由来。如今的女子网坛早已是双手反拍的天下，而克里斯·埃弗特正是开启这一潮流的先驱。

早在埃弗特转入职业网坛之前，她就已经取得了令人眩目的成绩。1970 年，15 岁的埃弗特以两个 7∶6 击败了刚刚包揽四大满贯单打冠军头衔的澳洲人考特，横空出世。第二年，她又成为有史以来闯入美网半决赛最年轻的女子选手。

但是由于拒绝在 18 岁之前成为职业运动员，她在 1972 年赢得了当时最著名的 VSC 巡回赛总决赛的胜利后却放弃了冠军奖金——5 万美元。

直到 1973 年的时候，埃弗特才开始了自己的职业生涯。但是这样的坚持并不能妨碍她在 1976 年成为历史上第一个赛事奖金超过 100 万美元的女子球手。在 1974 至 1976 的 3 年中，她每年都要收获 2 座大满贯的奖杯和至少 2 项巡回赛的冠军头衔。

克里斯·埃弗特

在埃弗特 20 年的职业生涯中，她一共进入了 303 项赛事的决赛，获得了其中 157 个单打和 74 个双打冠军。当然，作为历史上最重要的红土女子选手和罗兰·加洛斯 7 座后冠的得主，埃弗特的冠军收藏中一半来自于红土，这其中甚至还包括她在 1973 至 1979 年间 125 场土地比赛的连胜和由此带来的 24 座奖杯。

而在美网（1978 年）、温网和澳网的 3 种不同的草地球场上，以底线击球为主的埃弗特也仍然赢得了 6 座大满贯奖杯，她总是敢于尝试突破自己固有的技术，让球迷们叹服她在网前的功夫也如此了得。

在埃弗特连续 17 年排名世界前 10 位的过程中，她连续参加了 57 次大满贯的单打赛事，其中 53 次闯入最后的四强，这也是所有女子球手参加大满贯获得的最好成绩，这一切都证明克里斯·埃弗特无愧于网球场上“全能天才”的称号。

## 不可战胜的传奇——苏珊·朗格伦

苏珊·朗格伦于 1899 年 5 月 24 日出生于法国巴黎。孩提时代的朗格伦很瘦弱，在尼斯城一家网球俱乐部任秘书的父亲，决定要她学习网球以此强身，无心插柳之举也造就了后来的一代网球巨星。瘦小的朗格伦很快就在与同龄人的较量中崭露头角。

1914 年，15 岁的朗格伦在世界硬地冠军赛中囊括了单双打冠军，让世人首次意识到一颗新星即将诞生。此后，她辗转于各项业余网球赛事。20 岁时，她获得了网球生涯中第一个重要的突破，在那一年的温网赛中，她最终获得了冠军。

夺冠途中最扣人心弦的一战，是面对 40 岁的 7 届冠军钱伯斯，经过两个多小时的苦战，她以 10:8、4:6、9:7 的比分战胜了老将，一举成名。此后，这颗战斗力旺盛的美女新星，真正开始在球场上绽放光芒。此后，朗格伦纤瘦而美丽的身影旋风般席卷了整个网球界，7 年间她只输过一场比赛，苏珊·朗格伦几乎成为不可战胜的代名词！

朗格伦继 1923 年创造了温布尔顿五连冠后，在 1925 年再夺温网冠军，那是她当年得到的第六个单打冠军，同时她还拿到了 6 个双打冠军，然后以这个完美的句点在网球最有声望的赛事中退休。

苏珊·朗格伦在赛场上

1926 年，仍然处在鼎盛时期的朗格伦，毅然决定投身尚处在襁褓之中的职业网球，此举遭到了原来众多的业余网球赛事组织者的极力反对，他们企图通过禁止职业球员参加由其组织的各大有影响力的比赛（如大满贯）等手段扼杀职业网球，正因为朗格伦的支持才使职业网球得以生存，朗格伦对于职业网球前景的远见和支持，是她职业生涯之外的另一份杰出贡献。

朗格伦虽然谈不上特别漂亮，但有着法国女人的优雅气质，再加上纤细窈窕的身材和怪异的装束，朗格伦吸引着无数男女艳羡的目光。在 20 世纪 20 年代的网坛，她便是最大的票房。每每有她参加的赛事，观众都是爆满。据说温网新建的中心球场，被称为“苏珊所建的房子”，因为它就是为尽可能容纳下朗格伦的众多球迷而建造的。

苏珊·朗格伦曾穿了稍短的过膝裙子以及把足踝包裹得严严实实的长袜上阵，于是有人讽刺她像是准备去参加田径赛。她没被传统人士的非议声吓退，1925 年，她提倡用丝绸等轻软面料缝制式样更性感的网球裙，引导了一场网球裙的改革潮流。

同样让人觉得不可思议的还有她的一个比赛嗜好：每当场间休息时，弱质纤纤的她总会豪饮几口白兰地，或许这便是她在场上能够激情四射的源泉。

因为巨大的票房号召力，朗格伦成为各项表演赛组织者极力邀请的对象。1926 年，她与布朗妮在美国巡回赛打了 38 场表演赛，场场爆满，朗格伦全胜。或许是因为亲身体验到商业性比赛的巨大潜力与丰厚奖金的激励，此后，她开始致力于职业网球运动的推进，成为原始职业巡回赛的台柱。

场上的朗格伦总是扎着发带，束起头发，裸露出她雪白纤细的臂膀，身着一件宽大飘逸的长裙，挥舞着木拍压迫对手，发动着一轮接一轮的进攻，然而这并不妨碍她散发出惊人的魅力。在很长一段时间内，她的身影是网球场上最美不胜收的风景。在那个保守的年代，场边已出现了众多对朗格伦大胆示爱的球迷。

1939 年 7 月 4 日，年仅 40 岁的朗格伦因为败血症英年早逝。就对网坛的主宰和打法的优美而言，苏珊·朗格伦是无与伦比的。

## “法国鳄鱼”——让·拉考斯特

1925 年，在美国纽约，法国队与澳大利亚队进行比赛，胜者可以获得向上届冠军美国队挑战的资格。代表法国队的是让·拉考斯特和让·波罗特拉、杰奎斯·布鲁格农和亨利·柯谢特。这支队伍精英荟萃，共同作战，被法国人亲切地称为“火枪手”。

站在这支队伍中，与个性奔放的队友们相比，腼腆的拉考斯特似乎是最不起眼的一个。然而，他所取得的成就却是最高的。

1924 年，拉考斯特打入温网决赛，在一场 5 盘大战中负于波罗特拉，获得亚军。1925 年，他再次在决赛中与波罗特拉相遇，这次他以 3∶1取胜，夺得了个人首个大满贯冠军头衔。1928 年，他击败柯谢特，再次夺得这项赛事的冠军。事实上，在 1924 至 1929 年间，火枪手们垄断了温网。

在家乡的法网赛场上，拉考斯特表现更为出色，尤其是在单数年。1925 年、1927 年、1929 年 3 年，他都夺得法网冠军，其中 1925 年和 1929 年他同时也是双打冠军得主，1927 年则是双打亚军。1926 年、1928 年，他也取得了单打亚军。除此之外，1926 至 1927 年他还连续取得了美网单打冠军。

拉考斯特取得的另一项重要胜利是在戴维斯杯的赛场上，而“鳄鱼”的传奇也是从这里开始的。

在火枪手们崛起之前，戴维斯杯是美国人的天下，由“大小比尔”（比尔·蒂尔顿和比尔·约翰斯顿）领军的美国队在戴维斯杯赛中几乎所向披靡。

赛前，火枪手们和教练一起上街散心，拉考斯特相中了街旁铺子里的一只鳄鱼皮箱。“我们打个赌吧，如果明天我赢了，就送我这只鳄鱼皮箱！”面对拉考斯特提出的要求，领队皮埃尔·吉洛爽快地答应了。

后来，拉考斯特在单打比赛中没能战胜澳大利亚选手杰拉德·帕特森。但他和波罗特拉合作取得了双打比赛的胜利，帮助法国队以3:1战胜澳大利亚队，火枪手们首次赢得了与美国队直接对话的权利。虽然没有赢得鳄鱼皮箱，拉考斯特的拼搏精神还是给人们留下了深刻的印象。几天后，在费城进行的决赛中，火枪手们以0:5负于美国队。

1926年，他们再一次杀入决赛向美国队发起冲击。虽然这次法国队仍以1:4告负，但是拉考斯特以4:6、6:4、8:6、8:6击败了蒂尔顿，终止了后者在戴杯赛场16连胜的纪录，为火枪手们奏响了进攻的序曲。

一位美国记者在报道中提到了鳄鱼皮箱的故事。一夜之间，“鳄鱼”就成了拉考斯特的外号。拉考斯特说：“人们很喜欢这个外号，因为它恰好代表了我在网球场上的风格：坚忍顽强，不放过任何一个猎物！”

于是，拉考斯特的朋友罗伯特·乔治画了一条鳄鱼送给他。拉考斯特把这条鳄鱼绣到了自己的比赛服上。也许鳄鱼真的给拉考斯特带来了好运，1927年，火枪手们终于如愿以偿地击败了美国队，捧得戴维斯杯。

拉考斯特在这一年风光无限，在法网、戴维斯杯、美网决赛中，他三次令不可一世的蒂尔顿俯首称臣。1926至1927年，拉考斯特攀上了世界排名第一的宝座。1928年，拉考斯特帮助法国队捍卫了戴维斯杯的荣誉。1929年法网夺冠后，出于健康原因，拉考斯特决定告别赛场。

如果说拉考斯特在网球方面取得的成绩是不断努力的结果，那么他在时尚界的成功则有些无心插柳柳成荫的味道。有人说法国人与生俱有敏锐的时尚触觉，这一点在拉考斯特身上得到了验证。

1924 年，赋闲的拉考斯特和朋友一起成立了一家运动服饰公司，创立了自己名字命名的品牌。参考马球运动赛服，拉考斯特设计了专门用于网球运动的短袖针织上衣，以取代闷热拘谨的传统赛服，并将那条著名的鳄鱼作为标志绣在醒目的位置（此举后来也被其他品牌纷纷仿效），从而掀起了在运动服上绣商标的热潮，他们的产品大受欢迎，一时间，人人都以胸前的鳄鱼标志为荣。

除了拉考斯特，法网的另外三位“火枪手”都很出色。布鲁格农是“火枪手”中唯一没有获得过法网男单冠军的人，但他的双打成绩骄人，曾与波罗特拉和柯谢特等人合作获得过 5 次法网、4 次温网和 1 次澳网男双冠军。为了纪念他们的成就，法网将男子单打奖杯命名为“火枪手杯”。这座奖杯外形别致，杯身呈高脚酒杯状，上半部两侧有弯曲的手柄，下半部环绕镌刻着 7 处浮雕，正面则用手写体刻有布鲁格农的名字。

拉考斯特与法国女子高尔夫好手、英国女子公开赛冠军西蒙妮结婚并育 4 个孩子，其中唯一的女儿凯瑟琳长大后继承母亲的事业，夺得美国女子高尔夫公开赛的冠军。20 世纪 60 年代，拉考斯特参与了推行网球运动公开赛的活动。此外，他还发明了著名的金属球拍 Wilson T2000。新型金属球拍从此全面取代了传统木质球拍。

1996 年 10 月 12 日，拉考斯特以 92 岁的高龄离世。

## 法国人的英雄——亚力克·诺阿

自从“四个火枪手”，尤其是“鳄鱼”拉考斯特在 20 世纪 20 年代为法国取得辉煌之后，法兰西选手在以后的几十年中却黯淡了下来。直到20世纪80年代，法国人才盼到了一位英雄。他就是非洲后裔的法国人——亚力克·诺阿。诺阿在1983年的法网上夺冠，终于圆了法国人的梦。

1960年5月，亚力克·诺阿出生在法国色当，他的父亲曾是喀麦隆的足球健将，而母亲则带给他欧洲人对于网球运动独特的悟性。于是诺阿便开始在家乡喀麦隆雅温德的俱乐部中练习网球。

当著名的美国黑人球手亚瑟·阿什1970年前往雅温德参加ATP的巡回赛时，他发现诺阿过人的网球天赋，阿什鼓励他进入职业网坛，并断言诺阿日后必有一番作为，而那也正是诺阿一直以来的愿望。

年少的诺阿第一次在世人面前成名，便是凭借他在1977年的温布尔顿青少年组获得的单打冠军。但那是他第一次，也是最后一次在草地球场捧起奖杯。此后在他14年的职业生涯中，诺阿一共也只尝试过33场草地比赛，胜率不足50%。

更奇怪的是，从诺阿的技术类型上讲，他始终偏向于发球上网的打法，就连他在罗兰·加洛斯的冠军也是依靠出色的发球和网前截击得到的，这与吉勒莫·维拉斯凭借底线上旋球蝉联草地澳网的冠军头衔可谓是异曲同工。依靠在其他3种场地上的出色战绩，这位怪诞的法国人曾经将世界排名位升到第三位。

1983年5月，诺阿不仅在罗兰·加洛斯度过了23周岁的生日，而且终于为法国夺得了一次罕见的男子单打冠军锦标，成为38年来的第一位本土冠军。这个能让全体法国人流下热泪的冠军成了本土选手对法国网球最后的荣誉奉献，同时也是以发球上网打法的选手在法网封王的最后纪录。

终于，被全体法国人尊称为诺阿先生的移民后裔成为了法网本土冠军最多的守望者。他夺冠时穿过的那双网球鞋甚至列入了“法国精品时尚100年”全球巡展的展品，其清单编号为K-35号。

诺阿在罗兰·加洛斯还曾4次闯入总决赛，在汉堡、罗马、蒙特卡洛的红土赛中多次进入决赛并获得冠军。在诺阿连续 6 年（1982 ~ 1987）排名前十位的时间内，他在硬地和地毯球场上的功夫也十分了得。4 次美网四强和 1 次澳网半决赛的经历让人们见识了他的网前技术绝非浪得虚名，而巴塞尔、米兰、温布利这些著名的室内地毯赛的冠军也成为他的囊中之物。唯独不肯让诺阿称心的，偏偏是温尔布顿的草地这个所有发球上网型球手心中的圣地从未让他涉足第四轮的领土。

这个年代的法国人更关注由他们的民族英雄诺阿率领的法国网球队。1996 年的戴维斯杯最后决赛是全法国网球焦点，法国人终以 3∶2 的总比分战胜了瑞典队而捧杯。这是继历史上“四个火枪手”之后最能让法兰西感到自豪的历史一刻。当然，法网冠军亚力克·诺阿再次凭此当选为“法兰西最受喜爱的人”。他为法国队时隔 59 年重拾戴维斯杯和首次夺得联合会杯立下了汗马功劳。

退出了职业网坛的亚力克·诺阿并未真正离开网球，虽然诺阿今天的身份已经转变成为专辑发行量超过 100 万张的音乐制作人，但由他亲手创立的“大地之子”与“期待收获”等多个基金会仍在为发展中国家和欠发达国家的少年网球启蒙事业奔走运作。

## 澳洲“火箭”——罗德·拉沃尔

1938 年，在唐·布奇拿下美网冠军，并完成“大满贯”之前的 8 月 9 日，澳大利亚昆士兰州降生了一个名叫罗德·拉沃尔的男孩。尽管这个早产儿先天不足、体弱多病，但随后的日子他在父亲的农场里长得健康而强壮。

24 年后的 1962 年，人们谁也没想到这个小伙子竟像唐·布奇一样在一年内也完成了一个“大满贯”。人们更没有想到 7 年后的 1969 年，他竟再次完成了大满贯的奇迹。

还在少年的时候，澳大利亚戴维斯杯的队长就给了拉沃尔“火箭”的绰号。他发现这个少年在像火箭一样飞速进步，而且天赋极佳的拉沃尔还乐于付出更多的努力，很快他就成为澳大利亚网坛出类拔萃的人物。

罗德·拉沃尔

拉沃尔最令人称道的是他的强上旋击球。尽管上旋球并非他所发明，却是拉沃尔用它形成了最有效率的典范打法并直接影响了博格和古莱莫－维拉的风格，使上旋球成为今天运动员的必备技术。

拉沃尔总是很漂亮地从底线冲到网前，如同他在底线一样的卓越，他那坚定的专注力更是一种可怕的武器。他的打法没有弱点可以攻击，他的每一项技术都如此完美。

他的国际声誉开始于1956年第一次出国参赛。17岁的拉沃尔获得了美网少年冠军。3年后，他拿到了自己第一个澳网男单冠军，这也是他第十一项大满贯单打桂冠，加起来总共20个大满贯头衔。

1959年，拉沃尔在温布尔顿决赛中负于秘鲁的奥梅多。1960年，他再次打入温网决赛，但最终败给了弗雷泽尔。不过这却是他一系列非凡演出的开始。此后，拉沃尔在1961年、1962年蝉联温布尔顿，在1962年囊括四大满贯，以业余球员的身份重现了唐·布奇的战绩，并第四次代表澳大利亚获得了戴维斯杯。

随后，他决定加入能获得奖金的职业选手行列，这意味着接下来的5年他不能参加四大满贯赛事。他必须接受同杰克·克雷默、潘乔·冈萨雷斯、肯·罗斯维尔这些职业高手一样的遗憾，虽然他在职业圈终结了冈萨雷斯和罗斯维尔的霸主地位。

直到1968年，四大满贯赛事进入公开赛时代，重返温布顿的拉沃尔又在1968年、1969年连续夺冠，成为温网连续6次参赛都进入决赛的6人之一。他也成为从第一次世界大战后到博格出现之前温网四连冠的唯一一人。

公开赛时代第二年，即1969年是拉沃尔最风光的一年。这一年，31岁的他在32项赛事中获得了17个冠军，其中包括四大满贯的冠军，取得了106胜16负的战绩。同1962年的胜利不同，1969年的“大满贯”是在所有职业选手加入的情况下得到的，因而更具价值。当然胜利来得绝对不轻松。

在澳网半决赛中，拉沃尔与托尼·罗切大战惊人的90局，才以7:5、22:20、9:11、1:6、6:3过关；法网从第二轮开始，就又被前冠军罗切拖入5盘大战；在温网也遭到斯坦·史密斯、纽康姆、阿什等名将的强力阻击，但拉沃尔是最终的胜利者。

1971年，拉沃尔得到了129.3万美元的奖金，使他成为第一位比赛总奖金超过100万美元的选手。他超过150万美元的奖金数纪录直到1978年才由康纳斯打破。

1973年，所有职业选手都被邀请参加戴维斯杯。这样，相隔11年后，拉沃尔又一次代表澳大利亚出战。他与纽康姆合作在决赛中以5:0大胜美国队。15年来，拉沃尔5次出战戴维斯杯，全部夺冠。此外，他还帮助澳大利亚在1972年、1974年、1975年三夺世界杯团体赛冠军。

在拉沃尔的网球生涯中，他跨越了业余和公开赛时代。从1959至1975年，有13年位居前10，其中1961年、1962年、1968年、1969年位居第一，在他37岁退役时，仍然是排名前10的选手。1981年，罗德·拉沃尔入选网球国际名人堂。

## 戴维斯杯的头号功臣——罗伊·埃默森

20世纪60年代，澳大利亚人在男子网坛享有垄断性的优势，他们席卷了包括戴维斯杯在内的各项重大赛事的冠军，卓越球员接连涌现。那一段时期的网坛堪称澳大利亚王朝。在这个王朝中，除了拉沃尔之外，还有一位杰出的澳洲英雄，他就是罗伊·埃默森。

在他的网球生涯中，埃默森夺得12个大满贯男单冠军，倘若没有皮特·桑普拉斯的横空出世，也许人们至今只能仰望这个纪录。此外，他还拥有16个大满贯男双头衔，这样，他所获得的大满贯冠军总数达到了惊人的28个，这是桑普拉斯也无法与之比肩的。

出身于澳大利亚昆士兰偏远地区的埃默森，在圈中被亲切地称为“埃默”。他身上有着农家子特有的淳朴。埃默森从小就在父亲的牧场帮忙，充当挤奶工，劳动让他的手腕变得强韧，为他未来的事业奠定了基础。

在自家陈旧的网球场上，父母及时发现了他的天赋。为了儿子的未来，他们全家迁往昆士兰首府布里斯班，这使埃默森得到了良好的训练和比赛机会。

埃默森拥有6英尺（约1.83米）的修长身材，反应敏捷，勇往直前。他擅长发球上网，这使他在草地上拥有得天独厚的优势；同时，他在底线拥有稳定的战斗力，加上出众的奔跑能力和体能，使他在红土场上也具备了夺冠的实力。

埃默森是一位杰出的双打选手。有人说，只要有他做搭档来镇守右半侧场地，无论是谁，都能安安心心一路奏凯。他与弗雷瑟被视为黄金搭档。他还分别与其他4位选手配对在大满贯男双比赛中封王，其中包括同样来自昆士兰的另一位杰出球员罗德·拉沃尔。

埃默森与拉沃尔既是老乡、老友，也是对手。1961年，埃默森在澳网男单决赛中击败拉沃尔，夺得第一个大满贯男单冠军，令拉沃尔在一年内包揽四大满贯的愿望过早搁浅。几个月后，他又在美网决赛中战胜拉沃尔夺冠。

1963年，拉沃尔转投职业赛，埃默森在业余圈中继续奋斗着。1963至1967年，他在澳网实现了男单五连冠的霸业，在其他3项大满贯中也屡有斩获。1964 年，是埃默森最精彩的一个赛季。从夏季到秋季，他保持了 55 场不败。那一年他共赢得 17 项赛事的单打冠军，全年战绩 109 胜 6 负，稳稳地当上了世界第一。

埃默森维持业余身份直到 1968 年，在此期间创下一项又一项纪录。在网球运动全面职业化前夕，他也顺理成章地完成了从业余选手到职业选手的过渡。

1966 年，在温网第四轮的比赛中，身为夺冠热门的埃默森原本一路领先，却在救一个网前险球时撞到主裁的坐椅，肩膀受了伤。此后，他无法再给对手造成任何威胁，但他仍然坚持完成了那场比赛。

埃默森以自己的兢兢业业为澳大利亚球员们做出了表率。无论在戴维斯杯还是在世界杯（澳美对抗赛）的团体赛场上，他总能激励队友们共同奋进。从 1964 年起，他率澳大利亚队参加戴维斯杯赛，9 年中为澳大利亚队夺得 8 次冠军，埃默森是澳大利亚当之无愧的头号功臣。而埃默森认为，这是一种“澳大利亚精神”使他们获得胜利。直到今天，人们仍能在澳大利亚的戴维斯杯代表队中感受到这种宝贵的凝聚力。

## “满贯皇后”——玛格丽特·史密斯·考特

玛格丽特·史密斯·考特是国际网坛百年以来，在女子选手中不多见的全能天才。她不仅仅在所有类型的场地上所向披靡，而且技术贯通底线与网前，成就遍及单打、双打和混合双打。

她在 1960 至 1975 年间获得的 62 座大满贯奖杯，其中单打 24 座，数量高居所有网球运动员之首，并且她还是为数不多的几位在生儿育女后仍然重返职业赛场并且能够继续赢得大满贯冠军的伟大球手。

玛格丽特·史密斯·考特

玛格丽特·史密斯·考特1942年7月16日生于澳大利亚新南威尔士州的奥博里。这个身高1.80米的瘦高女孩在意志和训练水准上对自己有极高的要求。她拥有强劲的发球、细腻的网前技术和身高优势，这使她很早就在网球水平极高的澳大利亚崭露头角。1960年，不满18岁的考特在本土的澳网勇夺女单冠军，这是她11个澳网女单和连续7届澳网单打冠军的第一个。

考特是属于网球的，但严格地说，她首先是属于草地网球的。因为在她的家乡新南威尔士的草地球场上，考特练就了她出色的发球和网前截击技术，同时年轻的考特还是最早借助健身器材和体能训练手段增强自身力量和耐力的女子球员之一，虽然在那个时代这样的做法会被绝大多数人耻笑，但考特却用一座座冠军奖杯让人们对她肃然起敬。

在1961年以前，考特是澳大利亚的名人，她第一次参加澳大利亚网球锦标赛便拔头筹，但人们还不知道，那只是她11座澳网冠军和7年连冠的起点。从1961年起，考特成为她的国家最早参加国际赛事的姑娘，而这一去就是15年。

考特在每一种场地上都有她的对手，而她则是所有人的对手。在草地上，她首先要面对比莉·简·金的挑战。在温布尔顿，考特腼腆、内向的性格与金夫人大胆、直率的性格形成鲜明的对比，也许考特永远也无法像她的对手那样满怀斗志、信念坚定，甚至有时她还会在赛场上紧张、害羞，但从她们两人生涯的交战纪录上看，澳洲人以22:10的优势遥遥领先，而她们在温网决赛中的两次相遇，也以考特的胜利告终。

她同比莉·简·金进行的那次决赛上，考特顶住了踝伤和金夫人的冲击，以14:12、11:9艰难地赢得了比赛，创造了温网历史上的经典一战，其46局的纪录保持至今。而在罗兰·加洛斯和美国网球锦标赛上，考特同样可以从容不迫地获得胜利。在整个20世纪60年代中期，她至少每年要赢得2座大满贯的奖杯，并且在1964年创下了连胜39场的纪录。

考特在1968年的职业化浪潮的席卷下重新走上了球场，并且成为一名职业球手，很快她将迎来真正的事业高峰。在1970年，考特参加了27项赛事，赢得了110场比赛中的104场，并且继美国人康纳利之后第一个包揽了一年中4座大满贯的冠军头衔。

当然在这辉煌之中也有刻骨铭心的失败。首先是1962年温网第一轮作为1号种子首轮负于非种子比莉·简·金，成为温网历史上第一位首轮失利的1号种子。另外，1971年的温网决赛输给伊芳·古拉冈也让她无法忘记。

但最令考特耿耿于怀的莫过于网球史上的第一场“男女大战”。1973年，作为女子最强的考特与55岁的前温网冠军波比·里格斯的比赛以里格斯直落两盘失利而告终，她认为当时自己对这样的比赛缺乏心理准备，而后来由金夫人为女子网球挽回了颜面。

1975年考特退役时，她共获得了92个女单冠军，各项冠军总数127个，并为澳大利亚赢得了4届联合会杯。1979年，考特入选国际网球名人堂。

为了纪念她的伟大成就，墨尔本公园网球中心在2000年将他们的三座主球场其中之一命名为玛格丽特·考特网球场。

## 传奇网球之神——比尔·蒂尔顿

1893年2月10日，比尔·蒂尔顿出生在费城。作为一名球员，蒂尔顿具有理想的身材素质，身高1.88米，体重70公斤，细长的双腿和宽厚的肩膀，有极佳的速度和灵敏性，有良好的协调性和完美的平衡感。尽管有吸烟的嗜好，但仍然有过人的耐力。再加上他对网球近乎天生的感觉和喜爱，仿佛他就是为网球而生的。

比尔·蒂尔顿

在1912至1930年间，蒂尔顿参加了192项巡回赛，138次夺冠，另外还有28次进入决赛。在他退出“业余”球坛时，共取得907胜62负，胜率93.6%的惊人战绩。他是那种无愧于被称作“网球之神”，那种隔一代才能诞生的如拉沃尔、埃默森、博格和桑普拉斯似的人物。

1920至1926年是蒂尔顿的极盛时期，他在美国所向无敌，在温布尔顿两次参赛均摘得桂冠，在戴维斯杯与澳大利亚、法国、日本等强队的碰撞中取得创纪录的13场单打连胜。

本土的美网是蒂尔顿成绩最辉煌的赛事。1918年，25岁的他进入决赛。蒂尔顿在决赛中负于对手后，这只是他连续8年进入美网决赛的开始。从1919至1925年，他与“小比尔”约翰斯顿连续7次在决赛中相碰，这也是大满贯赛事的纪录。

1920年，在温布尔顿中央公园的决赛中，他以精湛的底线技术力克拥有强大发球和网前技术的上届冠军澳大利亚人帕特森，夺得他的第一个大满贯单打冠军。随后连续六年的美网决赛，他再未输给对手“小比尔”，并对约翰斯顿保持了11胜6负的优势。那期间，他创造了许多令人瞠目的纪录，包括在1925年的连续两项赛事中创造的75局连胜。

蒂尔顿以聪明、特立独行的个性著称。因为戴维斯杯的政策和对业余选手的种种律令，他时常与美国和国际网协的官员发生冲突。1928年的温布尔顿大赛期间，他因要求参赛应得到报酬而违反了业余体育的精神，并因此被取消了戴维斯杯队长和球员的资格。

那次是法国第一次举办戴维斯杯的决赛，具有骑士精神的法国队却因缺少蒂尔顿而极为不满，他们希望迎战最强的美国队。在美国驻法大使海利克通过外交关系介入，蒂尔顿才最终回到戴维斯杯队。结果蒂尔顿在决赛第一场便击败了法国的头号选手雷恩·拉考斯特，法国上下顿时弥漫着自嘲和哭笑不得的指责。

好在知耻而后勇的法国球员在本土观众的助威声中赢下届四场比赛，留下了戴维斯杯历史上一段佳话。但蒂尔顿回国后并未逃脱违反体育精神的指责，并被当年的美网组委会拒之门外。

1929 年，惩戒期结束后的蒂尔顿重返美网，在决赛中击败他的双打搭档费兰克·亨特，第七次夺得冠军。1930 年，他以 37 岁的高龄第三次捧得温网冠军。在那一年的美网半决赛失利后，蒂尔顿宣布退出业余网球加入职业网坛。

20 世纪三四十年代，蒂尔顿始终是职业网坛最具吸引力的人物之一。他不仅要参加一项又一项赛事，同时也是很多不成熟赛事的组织者。但他却是那个不走运的时代中众多不走运的球员之一。他的财政状况随着年龄的增长每况愈下。一直到他生命的尽头，也只有在赛场上才是他最快乐、开心的时刻。

1953 年 6 月 5 曰，他因心脏病逝世于洛杉矶寒酸的家中。那时，他的行李和球包已收拾妥当准备前往又一站职业赛事。蒂尔顿的 10 项单打大满贯以及 11 项双打大满贯是 30 年以后拉沃尔和埃默森出现时才打破的纪录。他的另一项纪录是在 1920 至 1930 年，他作为主力队员帮助美国队连续 11 次打进入戴维斯杯决赛，其中 1920 至 1926 年连续七届夺得冠军。他对网球和比赛的理解在他的时代很少有人超越，他留下了一本经典著述《比赛战术和球的旋转》。

1959 年，比尔·蒂尔顿进入网球国际名人堂。

# 天才网球少女——玛蒂娜·辛吉斯

1980 年 9 月 30 日，玛蒂娜·辛吉斯出生在捷克斯洛伐克的科希策，8 岁时随母亲移居瑞士。这位前职业选手之女很早就开始接触网球，并表现出了惊人的天赋。

1993 年 10 月，年仅 13 岁的辛吉斯就在瑞士蓝根塞尔获得首个挑战赛的冠军。第二年 10 月 4 日，辛吉斯首次参加了 WTA 巡回赛——瑞士苏黎世赛，而四天前她才刚刚度过了自己 14 岁的生日。在第二轮，她输给了当时排名世界第五的皮尔斯。

玛蒂娜·辛吉斯

1996 年辛吉斯在菲尔德斯塔特获得了自己首个 WTA 巡回赛的冠军，之后在奥克兰也获得了冠军。并且进入意大利公开赛、苏黎世公开赛和年终总决赛的决赛，进入了澳网的八强和美网的半决赛。

1997 年是辛吉斯全面爆发的一年，四大满贯赛她全部闯入了的决赛，获得了其中澳网、温网和美网的冠军，在法网决赛中遗憾的输给了马约莉，没有实现在一年内囊括四大满贯的梦想。除此以外，她还在悉尼、东京、巴黎、迈阿密、希尔顿海德、斯坦福、圣地亚哥、菲尔德斯塔特和费城获得了冠军。世界排名在当年 3 月 30 日达到了世界第一，当时她才 16 岁 6 个月，比塞莱斯的纪录提前了 9 个月。

1998 年辛吉斯蝉联了澳网的冠军，进入了法网和温网的半决赛，在美网进入了决赛。第二次获得了年终总决赛的冠军，在印第安纳维尔斯、汉堡和罗马也都笑到了最后。辛吉斯也是为数不多的积极参加双打比赛的选手之一，在这一年她获得了四大满贯的双打冠军，实现了双打全满贯。

1999 赛季辛吉斯实现了澳网的三连冠伟业，进入了法网和美网的决赛，温网首轮就被淘汰出局。在东京、希尔顿海德、柏林、圣地亚哥、加拿大公开赛和菲尔德斯塔特捧得桂冠。值得一提的是在法网决赛上，她输给了老天后格拉芙。

2000 赛季，辛吉斯第四次进入了澳网决赛，但是这次她输给了当时排在自己之后的达文波特。在其他三大满贯上她也没有斩获，在法网和美网闯入了半决赛，而在温网则是进入八强。但是同年辛吉斯还是收获了很多的奖杯，除了年终总决赛的冠军以外，她在东京、迈阿密、汉堡、荷兰、加拿大公开赛、菲尔德斯塔特、苏黎世和莫斯科也都捧得奖杯归。

2001 赛季，辛吉斯只获得了悉尼、多哈和迪拜三站比赛的冠军，第五次进入澳网决赛，输给了当时的问题少女卡普里亚蒂。在法网和美网进入半决赛，温网再次首轮落败。同年辛吉斯状告自己球鞋赞助商提供的产品损害了自己的脚，并首次接受了踝关节手术。

在 2002 赛季，辛吉斯开始淡出人们的视线，她连续第六次进入了澳网决赛，再次输给了卡普里亚蒂。当年只是在悉尼和东京获得两个冠军。在自己成名的菲尔德斯塔特第二轮输给德门蒂耶娃之后，同年辛吉斯第二次接受了踝关节的手术，但是之后还是无奈的宣布因伤退出网坛。

2006 年 2 月，在泰国芭堤雅举行的沃尔沃女网赛中，辛吉斯重出江湖，但是手持外卡的昔日网坛女皇首轮就被淘汰。这次复出的时间很短，第二年她又再度宣布退役。

2013 年 3 月 4 日，国际网球名人堂正式宣布前世界第一、五届大满贯冠军得主辛吉斯成为国际网球名人堂的成员。

# PART 12 历史档案

## ATP单打世界最新排名
## （前50名，截至2013年6月10日）

| 排名 | 变化 | 姓名 | 国家/地区 | 积分 | 参赛数量 |
|---|---|---|---|---|---|
| 1 | 0 | 德约科维奇 | 塞尔维亚 | 11830 | 19 |
| 2 | 0 | 穆雷 | 英国 | 8310 | 18 |
| 3 | 0 | 费德勒 | 瑞士 | 7640 | 20 |
| 4 | 1 | 费雷尔 | 西班牙 | 7220 | 26 |
| 5 | -1 | 纳达尔 | 西班牙 | 6895 | 20 |
| 6 | 0 | 伯蒂奇 | 捷克 | 4515 | 24 |
| 7 | 1 | 特松加 | 法国 | 4155 | 25 |
| 8 | -1 | 德尔-波特罗 | 阿根廷 | 3960 | 22 |
| 9 | 0 | 加斯奎特 | 法国 | 3090 | 23 |
| 10 | 0 | 瓦林卡 | 瑞士 | 2810 | 23 |
| 11 | 3 | 哈斯 | 德国 | 2585 | 27 |
| 12 | -1 | 西里奇 | 克罗地亚 | 2570 | 24 |
| 13 | 2 | 锦织圭 | 日本 | 2495 | 22 |
| 14 | -2 | 蒂普萨勒维奇 | 塞尔维亚 | 2390 | 29 |
| 15 | 1 | 拉奥尼奇 | 加拿大 | 2225 | 24 |

续表

| 排名 | 变化 | 姓名 | 国家/地区 | 积分 | 参赛数量 |
|---|---|---|---|---|---|
| 16 | -3 | 阿尔玛格罗 | 西班牙 | 2195 | 25 |
| 17 | 1 | 西蒙 | 法国 | 1985 | 26 |
| 18 | 1 | 科赫尔斯奇雷伯 | 德国 | 1885 | 26 |
| 19 | 1 | 奎雷伊 | 美国 | 1810 | 26 |
| 20 | -3 | 摩纳哥 | 阿根廷 | 1740 | 25 |
| 21 | 0 | 伊斯内尔 | 美国 | 1735 | 26 |
| 22 | 1 | 雅诺维茨 | 波兰 | 1563 | 22 |
| 23 | 2 | 安德森 | 南非 | 1510 | 24 |
| 24 | 0 | 多尔戈波洛夫 | 乌克兰 | 1500 | 25 |
| 25 | 1 | 佩雷 | 法国 | 1450 | 31 |
| 26 | -4 | 塞皮 | 意大利 | 1440 | 29 |
| 27 | 0 | 查迪 | 法国 | 1416 | 23 |
| 28 | 0 | 季米特洛夫 | 保加利亚 | 1400 | 23 |
| 29 | 2 | 尤兹尼 | 俄罗斯 | 1355 | 26 |
| 30 | 4 | 罗布雷多 | 西班牙 | 1355 | 25 |
| 31 | -2 | 弗格尼尼 | 意大利 | 1345 | 28 |
| 32 | 0 | 贝内特乌 | 法国 | 1200 | 27 |
| 33 | -3 | F-梅耶尔 | 德国 | 1175 | 28 |
| 34 | 2 | 罗索尔 | 捷克 | 1091 | 31 |
| 35 | 0 | 克里赞 | 斯洛伐克 | 1090 | 29 |
| 36 | 1 | 梅尔泽 | 奥地利 | 1085 | 29 |
| 37 | 1 | 涅米宁 | 芬兰 | 1075 | 30 |
| 38 | 2 | 古尔比斯 | 拉脱维亚 | 1026 | 21 |
| 39 | 4 | 菲-洛佩兹 | 西班牙 | 1010 | 24 |
| 40 | -1 | 巴格达蒂斯 | 塞浦路斯 | 995 | 24 |
| 41 | -8 | 格拉诺勒斯 | 西班牙 | 975 | 27 |
| 42 | 6 | 达维登科 | 俄罗斯 | 950 | 27 |

续表

| 排名 | 变化 | 姓名 | 国家/地区 | 积分 | 参赛数量 |
|---|---|---|---|---|---|
| 43 | -2 | 费什 | 美国 | 945 | 17 |
| 44 | 13 | 特洛伊基 | 塞尔维亚 | 935 | 31 |
| 45 | -3 | 伊斯托明 | 乌兹别克斯坦 | 935 | 32 |
| 46 | 6 | 斯泰潘内克 | 捷克 | 920 | 22 |
| 47 | -3 | 贝鲁奇 | 巴西 | 920 | 27 |
| 48 | -1 | 蒙塔内斯 | 西班牙 | 915 | 24 |
| 49 | 5 | 哈内斯库 | 罗马尼亚 | 895 | 26 |
| 50 | -1 | 特拉弗尔 | 西班牙 | 892 | 30 |

## ATP 双打世界最新排名（前 50 名，截至 2013 年 6 月 10 日）

| 排名 | 变化 | 姓名 | 国家/地区 | 积分 | 参赛数量 |
|---|---|---|---|---|---|
| 1 | 0 | 鲍-布莱恩 | 美国 | 13130 | 22 |
| 1 | 0 | 迈-布莱恩 | 美国 | 13130 | 22 |
| 3 | 1 | M-洛佩兹 | 西班牙 | 5540 | 22 |
| 4 | 1 | 格拉诺勒斯 | 西班牙 | 5540 | 24 |
| 5 | -2 | 林德斯泰德 | 瑞典 | 5260 | 27 |
| 6 | 7 | 索阿雷斯 | 巴西 | 4990 | 27 |
| 7 | -1 | 布帕蒂 | 印度 | 4910 | 22 |
| 8 | -1 | 特卡乌 | 罗马尼亚 | 4890 | 23 |
| 9 | 5 | 佩亚 | 奥地利 | 4820 | 25 |
| 10 | 1 | 波帕纳 | 印度 | 4705 | 27 |

续表

| 排名 | 变化 | 姓名 | 国家/地区 | 积分 | 参赛数量 |
|---|---|---|---|---|---|
| 11 | -2 | 奎雷西 | 巴基斯坦 | 4310 | 27 |
| 12 | -2 | 罗约尔 | 荷兰 | 4310 | 30 |
| 13 | 2 | 佩斯 | 印度 | 4180 | 21 |
| 14 | 2 | 斯泰潘内克 | 捷克 | 3905 | 16 |
| 15 | 5 | 马雷罗 | 西班牙 | 3800 | 25 |
| 16 | 2 | 马雷 | 英国 | 3750 | 26 |
| 17 | 2 | Nielsen Frederik | 丹麦 | 3625 | 21 |
| 18 | -1 | 泽蒙季奇 | 塞尔维亚 | 3540 | 26 |
| 19 | 2 | 梅罗 | 巴西 | 3110 | 29 |
| 20 | 3 | 沃达斯科 | 西班牙 | 3075 | 18 |
| 21 | -13 | 内斯特 | 加拿大 | 2960 | 23 |
| 22 | 0 | 利普斯基 | 美国 | 2745 | 30 |
| 23 | -11 | 米尔尼 | 白俄罗斯 | 2620 | 20 |
| 24 | 1 | 特里特—休伊 | 菲律宾 | 2392 | 28 |
| 25 | 20 | 罗德拉 | 法国 | 2390 | 15 |
| 26 | 0 | S-冈萨雷斯 | 墨西哥 | 2325 | 29 |
| 27 | 0 | 库波特 | 波兰 | 2325 | 20 |
| 28 | 0 | 弗莱明 | 英国 | 2310 | 29 |
| 29 | 0 | 诺尔 | 奥地利 | 2310 | 31 |
| 30 | 2 | 费滕博格 | 波兰 | 2265 | 25 |
| 31 | 2 | 麦考斯基 | 波兰 | 2220 | 24 |
| 32 | 38 | 马胡 | 法国 | 2195 | 15 |
| 33 | -3 | 梅尔泽 | 奥地利 | 2105 | 24 |
| 34 | 0 | 贝内特乌 | 法国 | 2085 | 18 |
| 35 | -4 | 多迪格 | 克罗地亚 | 2005 | 24 |
| 36 | -1 | 汉利 | 澳大利亚 | 1935 | 28 |
| 37 | -1 | 波拉塞克 | 斯洛伐克 | 1835 | 24 |

续表

| 排名 | 变化 | 姓名 | 国家/地区 | 积分 | 参赛数量 |
|---|---|---|---|---|---|
| 38 | -1 | 因格洛特·多米尼克 | 英国 | 1832 | 26 |
| 39 | -15 | 布拉西亚利 | 意大利 | 1815 | 29 |
| 40 | -2 | 弗格尼尼 | 意大利 | 1770 | 21 |
| 41 | -1 | 塞马克 | 捷克 | 1730 | 28 |
| 42 | -3 | 德卢西 | 捷克 | 1640 | 31 |
| 43 | 1 | 卡巴尔 | 哥伦比亚 | 1597 | 29 |
| 44 | 6 | 埃姆里奇 | 德国 | 1597 | 27 |
| 45 | -2 | 哈金斯 | 英国 | 1585 | 17 |
| 46 | 5 | 梅蒂纳克 | 斯洛伐克 | 1580 | 27 |
| 47 | -5 | 布托拉克 | 美国 | 1560 | 30 |
| 48 | -1 | 布隆斯特罗姆 | 瑞典 | 1519 | 33 |
| 49 | -1 | 伯莱里 | 意大利 | 1515 | 9 |
| 50 | -9 | 佩兹斯奇纳尔 | 德国 | 1508 | 22 |

# WTA 单打世界最新排名
# （前 20 名，截至 2013 年 6 月 10 日）

| 本期 | 上期 | 姓名 | 国家/地区 | 积分 | 参赛数量 |
|---|---|---|---|---|---|
| 1 | 1 | 小威廉姆斯 | 美国 | 13615.00 | 17 |
| 2 | 3 | 阿扎伦卡 | 白俄罗斯 | 9625.00 | 17 |
| 3 | 2 | 莎拉波娃 | 俄罗斯 | 9415.00 | 16 |
| 4 | 4 | A-拉德万斯卡 | 波兰 | 6465.00 | 20 |
| 5 | 5 | 埃拉尼 | 意大利 | 5335.00 | 24 |

续表

| 本期 | 上期 | 姓名 | 国家/地区 | 积分 | 参赛数量 |
|---|---|---|---|---|---|
| 6 | 6 | 李娜 | 中国 | 5155.00 | 19 |
| 7 | 8 | 科贝尔 | 德国 | 4915.00 | 21 |
| 8 | 7 | 科维托娃 | 捷克 | 4435.00 | 23 |
| 9 | 10 | 沃兹尼亚奇 | 丹麦 | 3565.00 | 26 |
| 10 | 12 | 基里连科 | 俄罗斯 | 3436.00 | 20 |
| 11 | 15 | 文奇 | 意大利 | 3060.00 | 28 |
| 12 | 14 | 伊万诺维奇 | 塞尔维亚 | 2920.00 | 19 |
| 13 | 11 | 佩特洛娃 | 俄罗斯 | 2910.00 | 22 |
| 14 | 9 | 斯托瑟 | 澳大利亚 | 2905.00 | 23 |
| 15 | 13 | 巴托丽 | 法国 | 2905.00 | 24 |
| 16 | 18 | 扬科维奇 | 塞尔维亚 | 2900.00 | 24 |
| 17 | 17 | 斯蒂文斯 | 美国 | 2530.00 | 20 |
| 18 | 16 | 齐布尔科娃 | 斯洛伐克 | 2140.00 | 25 |
| 19 | 20 | 纳瓦罗 | 西班牙 | 2095.00 | 30 |
| 20 | 21 | 菲利普肯斯 | 比利时 | 1978.00 | 23 |

## WTA 双打世界最新排名
## （前 50 名， 截至 2013 年 6 月 10 日）

| 本期 | 上期 | 姓名 | 国家/地区 | 积分 | 参赛数量 |
|---|---|---|---|---|---|
| 1 | 1 | 文奇 | 意大利 | 9630.00 | 15 |
| 1 | 1 | 埃拉尼 | 意大利 | 9630.00 | 15 |
| 3 | 3 | 佩特洛娃 | 俄罗斯 | 7475.00 | 18 |
| 4 | 4 | 赫拉瓦科娃 | 捷克 | 7340.00 | 19 |

续表

| 本期 | 上期 | 姓名 | 国家/地区 | 积分 | 参赛数量 |
|---|---|---|---|---|---|
| 5 | 7 | 马卡洛娃 | 俄罗斯 | 7000.00 | 14 |
| 6 | 5 | 赫拉德卡 | 捷克 | 6786.00 | 16 |
| 7 | 9 | 维斯尼娜 | 俄罗斯 | 6652.00 | 11 |
| 8 | 6 | 斯莱伯尼克 | 斯洛文尼亚 | 6375.00 | 20 |
| 9 | 11 | 雷蒙德 | 美国 | 4775.00 | 20 |
| 10 | 12 | 胡贝尔 | 美国 | 4425.00 | 23 |
| 11 | 8 | 维维斯 | 西班牙 | 4380.00 | 15 |
| 12 | 14 | 科普斯 | 美国 | 3965.00 | 27 |
| 12 | 15 | 斯皮尔斯 | 美国 | 3965.00 | 27 |
| 14 | 19 | 梅拉德诺维奇 | 法国 | 3840.00 | 21 |
| 15 | 16 | 谢淑薇 | 中国台北 | 3825.00 | 17 |
| 16 | 18 | 米尔扎 | 印度 | 3700.00 | 23 |
| 17 | 23 | 萨法洛娃 | 捷克 | 3545.00 | 18 |
| 18 | 17 | 佩斯克 | 捷克 | 3480.00 | 21 |
| 19 | 10 | 基里连科 | 俄罗斯 | 3410.00 | 8 |
| 20 | 20 | 格罗恩菲尔德 | 德国 | 3315.00 | 22 |
| 21 | 21 | 郑洁 | 中国 | 3280.00 | 19 |
| 22 | 13 | M－桑切斯 | 西班牙 | 3130.00 | 14 |
| 23 | 24 | 马泰克 | 美国 | 3070.00 | 17 |
| 24 | 22 | 彭帅 | 中国 | 3030.00 | 13 |
| 25 | 31 | 帕芙柳琴科娃 | 俄罗斯 | 3005.00 | 16 |
| 26 | 27 | 大威廉姆斯 | 美国 | 2780.00 | 3 |
| 26 | 27 | 小威廉姆斯 | 美国 | 2780.00 | 3 |
| 28 | 32 | 埃拉科维奇 | 新西兰 | 2720.00 | 17 |
| 29 | 33 | 沃斯科波耶娃 | 哈萨克斯坦 | 2715.00 | 16 |
| 30 | 25 | 罗迪奥诺娃 | 澳大利亚 | 2630.00 | 19 |
| 31 | 26 | 加里奎斯 | 西班牙 | 2630.00 | 20 |

续表

| 本期 | 上期 | 姓名 | 国家/地区 | 积分 | 参赛数量 |
|---|---|---|---|---|---|
| 32 | 30 | 格尔格斯 | 德国 | 2620.00 | 20 |
| 33 | 46 | 布莱克 | 津巴布韦 | 2514.00 | 13 |
| 34 | 29 | 德拉奎尔 | 澳大利亚 | 2442.00 | 12 |
| 35 | 39 | 利斯基 | 德国 | 2421.00 | 9 |
| 36 | 35 | 马罗西 | 匈牙利 | 2238.00 | 27 |
| 37 | 36 | 尤拉克 | 克罗地亚 | 2238.00 | 28 |
| 38 | 44 | 伊达公子 | 日本 | 2194.00 | 17 |
| 39 | 37 | 巴蒂 | 澳大利亚 | 2169.00 | 12 |
| 40 | 38 | 张帅 | 中国 | 2156.00 | 17 |
| 41 | 58 | 勒普琴科 | 美国 | 2081.00 | 12 |
| 42 | 40 | 张皓晴 | 中国台北 | 2005.00 | 25 |
| 43 | 42 | 格兰丁 | 南非 | 1980.00 | 29 |
| 44 | 43 | 乌利洛娃 | 捷克 | 1980.00 | 30 |
| 45 | 57 | 郑赛赛 | 中国 | 1956.00 | 19 |
| 46 | 45 | 佩内塔 | 意大利 | 1897.00 | 8 |
| 47 | 41 | 金久慈 | 美国 | 1860.00 | 16 |
| 48 | 47 | 斯特里科娃 | 捷克 | 1851.00 | 13 |
| 49 | 56 | 罗索尔斯卡 | 波兰 | 1830.00 | 28 |
| 50 | 53 | 胡萨洛娃 | 斯洛伐克 | 1815.00 | 23 |

# 第一个男子网球奥运冠军

1878 年以来，草地网球已由英国的移民、商人或驻军等传至全球，如加拿大（1878 年）、斯里兰卡（1878 年）、捷克斯洛伐克（1879

年）、瑞典（1879 年）、印度和日本（1880 年）、澳大利亚（1880 年）、南非（1881 年）。这一时期被称为网球的初步发展阶段。

当时，许多国家和地区组织了网球协会，并定期举行比赛。到了 1896 年，现代网球的诞生和迅速发展终于引起了“现代奥运之父”顾拜旦的关注。于是，这项从宫廷贵族走出的运动被列为第一届现代奥运会的唯一一项球类竞技。于是，这项具有悠久历史和传统的运动项目成为现代奥林匹克运动会的元老。

现代奥林匹克运动之父顾拜旦

有意思的是，获得这次奥运网球冠军的并非专业运动员，而是一名“打酱油”的大学生。爱尔兰人约翰·博兰当时就读于英国牛津基督学院。作为研究希腊众神的历史系学生，博兰非常欣赏古希腊人的伟大人文观：“理想的人物是充满智慧的头脑，善良高尚的心灵与硕壮健美的体魄。”

博兰同时是最积极和最热心的网球爱好者。当顾拜旦复兴奥林匹克运动的想法成为现实时，博兰立即成为奥运计划最坚定的支持者和参与者。

约翰·博兰与远在希腊的好友玛拉奥斯用通信的方式共同撰写了《复兴希腊奥运会》的演讲稿，在演讲稿中他们用如歌如泣的史实历数了古希腊奥运带给人类精神的欢愉：“奥林匹亚的残垣不能成为苍凉或者颓然的白色大理石碎片，希腊人如果永远都在抚摩和亲吻那些想说话的死石头中成长，人类历史就会停留在精神悲哀的层次……”

在这次著名的演讲完毕后，博兰背上行囊走向雅典，他决定以一个观光旅游的大学生身份，到雅典这个神奇的地方去见证和体验这一神奇的历史一刻。

玛拉奥斯在希腊迎接了博兰的到来。也许是那篇演讲稿的成功，也许是奥运情结所致，玛拉奥斯担任了第一届奥运会组委会的秘书。在好友的安排下，博兰在奥运会网球比赛空缺的签位中报上了名，于是他四处奔走为的是借一只网球拍。

带着借来的网球拍，博兰竟然一路闯关夺隘，打进了首届奥运会网球比赛的最后决赛。与他争夺冠军的是来自埃及的选手卡斯达格利斯。约翰·博兰是这场争夺的最终胜利者。

单打结束后，约翰·博兰兴致勃勃，又与德国的田径选手费里茨·特劳恩搭档参加了男子双打比赛。他们一路斩将过关，最后夺得冠军。就这样，1896 年的第一届奥运会网球比赛的首位单、双打冠军都是穿着带跟皮鞋的大学生博兰。戴上胜利花环和橄榄树叶桂冠的这个爱尔兰青年用获取两枚奥运会网球比赛金牌的令人不可思议的成绩，为自己也为奥运会网球事业留下了堪称奇异的历史话题。

网球是现代奥运史上的第一个球类竞技项目，博兰自然成为现代奥运史上球类竞技运动的第一位冠军。背着旅游行囊出门，带着奥运金牌回家的博兰后来成为一名爱尔兰都柏林市著名教师，同时也以他的奥林匹克理想实现经历写了一本名为《光荣奥运》的著作。作为写进历史的奥运网球先行者，博兰的故事激励了无数选手去争取实现奥运会梦想的同时，也印证了网球运动在现代奥林匹克运动中的地位和影响。

## 第一个女子网球奥运冠军

约翰·博兰是现代奥运史上球类项目的第一个男子冠军。然而，女子何时进入现代奥运会的？第一位女子奥运冠军又是哪个项目？哪一位选手？让许多人并未想到，这个项目还是网球，第一位女子冠军是英国网球女选手夏洛特·库珀。

众所周知，古代奥林匹克是一项男子的专利运动。而顾拜旦也是一直反对女性参与体育运动的，直到1926年他才对女选手开禁。因此，第一届奥运会的311名选手中没有女性。

1900年，第二届奥林匹克运动会在法国巴黎举行。浪漫的法国人专门为女子设立了两个项目：一个是网球，有6名运动员参加，一个是高尔夫球，也有6名运动员。来自英国、瑞士、美国、波希米亚（现为捷克的一部分）和东道主法国的12名女子，在传统的世俗和顾拜旦反对中勇敢地走向了奥运会的赛场。

在女子网球单打决赛中，英国女子夏洛特·库珀虽然身着长裙，但她很机敏，球速很快，以6:1和6:4击败了法国的普利沃斯，夺得了现代奥运史上的第一个女子冠军。

接着，她还与本国选手多海蒂兄弟中的老大搭档夺得男女混合双打冠军。之后，库珀还连续三次获得温布尔顿赛冠军。

这位1900年奥运会女子冠军，不仅成为奥运史上的第一位女子冠军，也是打破对女子限制的第一个体育运动先驱，从而引领了更多的女选手参与了网球，参与了奥林匹克运动，为世界体育和现代奥运会翻开了新的一页。

## 中国奥运史上第一枚网球金牌

在中国网球历史上，还应该记上这一笔。2004年8月22日，雅典奥运会网球比赛已经进入了最后一天，结果在女子双打的决赛中，中国网球运动的新的一页终于打开，中国一号女双组合李婷/孙甜甜组合，经过1小时29分钟的激战，以两个6:3战胜了2号种子西班牙名将帕斯库尔和马丁内兹组合，赢得了中国奥运会上第一块网球金牌。

当时，西班牙媒体对于这枚他们希望很高的金牌失落感到极为失望，不过他们也称赞中国选手的技术让他们非常吃惊，西班牙人输的无话可说。

李婷、孙甜甜奥运夺冠

《马卡报》的文章称：西班牙选手无力阻挡中国组合李婷/孙甜甜，直到现在为止西班牙选手还没能获得一枚金牌，中国选手李婷/孙甜甜让热门选手西班牙的女子双打组合帕斯奎尔和马丁内斯大吃一惊，亚洲选手只用了1小时28分钟（实际上是29分钟）就以两个6:3赢得了比赛。中国选手是这次大赛中的大黑马，她们曾经淘汰了大威、鲁宾、苏亚雷斯等多名热门选手。

比赛中，排名世界第10的中国选手今天一上来就开始施加压力，她们让人吃惊的一下就破掉了帕斯奎尔的发球局。显然亚洲选手打出了更高水平的网球。而且两名中国选手很有经验，根本不会浪费机会，非常出色的拿下了盘点和赛点。几乎每个回合的交锋中西班牙人都处于劣势，因此最终只能获得银牌，这是西班牙代表团在奥运会上获得的第7块奖牌。

《阿斯报》在文字直播中则谈到：中国选手非常积极，反观西班牙选手明显缺乏信心。帕斯奎尔还比较兴奋，而马丁内斯则很容易出现失误。

文章还感叹到，没想到中国选手面对西班牙人居然有这么强的优势，无论是马丁内斯还是帕斯奎尔都不知道该如何对付中国选手。

《阿斯报》是最看好马丁内斯的西班牙媒体之一，赛前该报分别给两名选手做了大篇幅专访，描述金牌梦想，不过结果却让他们大吃一惊。《阿斯报》表示，马丁内斯她们让人震惊的输给了中国选手。李婷/孙甜甜一上来就顺利破发，在比赛中她们快速的进攻和多变的节奏证明她们能淘汰那么多热门选手绝不是偶然。马丁内斯今天状态太差，失误很多，随着中国选手一路高歌，西班牙的冠军梦想也变得越来越遥远。

《世界报》则以“没想到中国人优势这么大”为题报道了这一爆炸性新闻。《世界报》在文字直播中称，中国选手的技术之娴熟让他们吃惊，而西班牙组合发球缺乏力量，中国选手显示了他们之间的配合也非常默契。而西班牙虽然获得了9块奥运会网球奖牌，但没有一次拿金牌的记录。

该报的文章表示，今天中国人阻止了西班牙的金牌梦，李婷/孙甜甜今天打的非常有攻击性，而西班牙选手打的是大赛开始以来最差劲的一次，比赛只用了89分钟就结束了。以经验丰富而自居的西班牙人一直看不出能战胜中国人的迹象，李婷/孙甜甜的表现证明她们为比赛准备得极为充分。在需要拼命的时候看不出西班牙人有改善的任何迹象，一点优势也占不到。没想到中国人以这么大的优势胜利。

## 中国网球史第一枚大满贯冠军

2006年1月27日，中国选手郑洁、晏紫在澳大利亚墨尔本公园击败澳网头号种子雷蒙德/斯托瑟（美国/澳大利亚），夺得中国网球界在四大满贯赛成年组双打比赛中的第一个冠军！

郑洁、晏紫澳网女双夺冠

这一澳网女双冠军是中国网球史上第一枚大满贯冠军。晏紫和郑洁完成了一场后来居上的比赛。这是一场纯正的逆转。

她们在41分钟丢掉的一盘之后并没有失去信心，而是重新振作恢复冷静，并在第二盘的抢七中挽救了两个赛点之后取胜。她们非常顽强的赢得第三盘，最终用时2小时15分取得了这场值得纪念的胜利。

这是中国选手有史以来第一赢得大满贯冠军，也是郑洁/晏紫在过去12个月中最大的突破。此前她们已经赢得了两个双打冠军头衔，分别是霍巴特和海德拉巴。2005年，她们有7项赛事进入了半决赛甚至更好。在李婷/孙甜甜历史性的赢得2004年雅典奥运会女双冠军之后，中国这个逐渐兴起的网球力量也逐渐为人们所尊重。

同年7月9日，郑洁/晏紫组合苦战三盘，最终以2:1击败帕斯奎尔（西班牙）/苏亚雷斯（阿根廷）组合，首次获得温网女双冠军。三盘的具体比分为6:3、3:6和6:2。这是郑洁/晏紫职业生涯第二个大满贯双打冠军。

郑洁/晏紫在全英俱乐部的表现非常不错，半决赛郑洁/晏紫击败大赛2号种子、布拉克（津巴布韦）/斯塔布斯（澳大利亚）；而帕斯奎尔/苏亚雷斯在半决赛淘汰一对乌克兰组合。从实力上分析，自然是郑洁/晏紫占据一定优势，但帕斯奎尔/苏亚雷斯不容小视，毕竟她俩在个人单打实力上不逊于中国组合。

郑洁在赛前说道："半决赛我们打的非常艰苦，决赛对我们来说并不轻松。帕斯奎尔/苏亚雷斯有着丰富的比赛经验，对我们而言只是希望能尽全力打出自己的水准。"

第一盘比赛一开始，两对组合打的非常卖力，前两局双方均被保住自己发球局。第三局，郑洁/晏紫拿下自己发球局。第四局，帕斯奎尔/苏亚雷斯连续出现非压迫性失误，郑洁/晏紫破发成功。第五局，帕斯奎尔/苏亚雷斯一度获得破发机会，但郑洁/晏紫连得3分拿下自己发球局。局分上，郑洁/晏紫以4:1取得领先。此后两局，两对组合都保持自己发球局。第八局，帕斯奎尔/苏亚雷斯保住自己发球局。第九局，郑洁/晏紫也顺利拿下自己发球局。这样，郑洁/晏紫以6:3拿下首盘。

第二盘比赛开始后，郑洁/晏紫一度获得破发机会，但帕斯奎尔/苏亚雷斯还是顽强的保住自己发球局。第二局，郑洁/晏紫轻松保住自己发球局。第三局，帕斯奎尔/苏亚雷斯表现不佳，郑洁/晏紫破发成功。

第四局，郑洁/晏紫未能把握住局点，帕斯奎尔/苏亚雷斯破发还以颜色。局分上，两对组合战成2:2平。第五局，帕斯奎尔/苏亚雷斯保住自己发球局；紧接着这对跨国组合又破发成功占据主动。第七局，帕斯奎尔/苏亚雷斯拿下自己发球局。此后两局，两对组合都保住自己发球局。这样，帕斯奎尔/苏亚雷斯以6:3拿下第二盘，并将总比分追成1:1平。

第三盘比赛开始后，郑洁/晏紫表现不佳，帕斯奎尔/苏亚雷斯成功破发。第二局，帕斯奎尔/苏亚雷斯一度以40:0领先，但随后郑洁/晏紫连得5分破发成功，将局分扳成1:1平。第三局，郑洁/晏紫连得4分拿下自己发球局。第四局，郑洁/晏紫抓住机会成功破发。第五局，郑洁/晏紫保住自己发球局。局分上，中国组合以4:1取得领先。

第六局，大赛4号种子再度破发成功。第七局，郑洁/晏紫获得一个冠军点，但帕斯奎尔/苏亚雷斯破发成功，将局分追成2:5。第八局，郑洁/晏紫一度以40:0领先，帕斯奎尔/苏亚雷斯顽强的将比分追成平分，不过此后郑洁/晏紫连得两分破发成功。这样，郑洁/晏紫以6:2拿下第三盘，并以2:1的总比分击败帕斯奎尔/苏亚雷斯，获得温网女双冠军。

整场比赛耗时126分钟。赛后的技术统计显示，一发得分率郑洁/晏紫占据优势，二发得分率帕斯奎尔/苏亚雷斯占据上风。比赛中，郑洁/晏紫有6次双发失误，帕斯奎尔/苏亚雷斯只有3次。非压迫性失误方面，郑洁/晏紫多达33次，帕斯奎尔/苏亚雷斯有21次。主动得分上，郑洁/晏紫以32比19占据优势。整场比赛，郑洁/晏紫18次破发机会把握住6次，而帕斯奎尔/苏亚雷斯12次破发机会有4次破发成功。总得分上，郑洁/晏紫以95比84占据上风。

# 中国的首枚法网单打冠军

2011年6月4日，中国网球选手李娜在备受国人关注的年度法国网球公开赛的女单决赛中在拿下首盘后，又在第二盘末段成功顶住了卫冕冠军、意大利名将斯齐亚沃尼的顽强反击，最终创造历史成为第一个捧起网球大满贯赛单打冠军的亚洲选手，书写了中国网球灿烂的辉煌时刻。

李娜在法网夺冠前曾和斯齐亚沃尼有过四次交锋，两人平分秋色。不过在唯一一次红土交战正是2010年的法网32强，直落两盘取胜的斯齐亚沃尼也最终神奇的摘得了冠军。一年后两人再度相遇，晋升为大满贯冠军的斯齐亚沃尼再次打进决赛，证明去年的成功绝非昙花一现。

而李娜也在连克多名夺冠热门选手后，成为闯入决赛的黑马。比赛伊始，李娜在首个接发球局就拿到了破发点，不过斯齐亚沃尼随即以正手化解危机，并在两个发球得分后以1:0领先。

错失机会的李娜并没有着急，轻松守住发球局后比赛也比赛进入了胶着阶段。在第五局中李娜逐渐展现进攻火力，网前的一次反手得分帮助她拿到两个破发点。而斯齐亚沃尼的正手抽球出界，也让全场比赛出现了首次破发，随后送出Love Game的李娜也将优势扩大到4:2。

李娜法网封后

处于落后的斯齐亚沃尼开

始提高发球质量，随后连续两个发球局均轻松保发帮助她将比分追成4:5。在发球胜盘局中两人形成30:30，关键时刻李娜用正手制胜球拿到盘点大举振奋士气，而随着斯齐亚沃尼的底线抽球出界，李娜也以6:4先拔头筹。

趁胜追击的李娜在第二盘开局就连续打出好球，并在斯齐亚沃尼的发球局取得40:0领先。顽强的意大利老将在化解了前两个破发点后，最终因正手抽球的下网而交出了发球局。随即展开反扑的斯齐亚沃尼在一记技惊四座的反手截击得分后拿到全场比赛首个破发点，但保持冷静的李娜以Ace干净利落的化解，随后连得两分后确立了2:0的领先。借助李娜的接发失误斯齐亚沃尼追回一局，不过发球局保持稳定发挥的李娜还是继续保持3:1的领先。

在第五局中李娜连续击出漂亮的穿越球，压力之下斯齐亚沃尼小球失误送出破发点。遗憾的是李娜未能把握住中场正手得分的机会，反而在连丢两分后被对手追成2:3。

在对手开始抬头的气势面前，李娜还是扎实的以一次反手直线得分后守住了发球局。顽强的斯齐亚沃尼始终没有放弃，她在第七局再次化解破发点后继续紧咬比分。压力之下李娜正手连续出现失误，斯齐亚沃尼也抓住机会在第八局实现了回破，拿下发球局后更以5:4反超比分。

关键时刻李娜在两个非保不可的发球局中经历平分的考验后，将比赛拖入了抢七。抢七发挥堪称完美的李娜没有给卫冕冠军任何机会，最终以7:0横扫斯齐亚沃尼，成为首个赢得大满贯冠军的亚洲选手。